AF454297

ULYSSE-HOMÈRE,

OU

DU VÉRITABLE AUTEUR

DE L'ILIADE ET DE L'ODYSSÉE.

A PARIS,

DE L'IMPRIMERIE DE CRAPELET,

RUE DE VAUGIRARD, N° 9.

CONSTANTINOS KOLIADES.

Auteur de cet ouvrage,

Membre ... Docteur ... Professeur de l'Université ...

ULYSSE-HOMÈRE,

OU

DU VÉRITABLE AUTEUR

DE L'ILIADE ET DE L'ODYSSÉE,

PAR CONSTANTIN KOLIADES,

PROFESSEUR DANS L'UNIVERSITÉ IONIENNE.

Λιην γαρ κατα κοσμον Αχαιων οιτον αειδεις
Οσσ' ερξαν τ' επαθον τε και οσσ' εμογησαν Αχαιοι
Ωs τε πη η αυτος παρεων....

(Odyss., Θ, v. 487.)

Tes chants offrent la plus fidèle image des innombrables exploits et des terribles infortunes des Grecs.
On dirait que tes yeux ont été les témoins de ce que tu racontes....

A PARIS,

CHEZ DE BURE FRÈRES,

LIBRAIRES DU ROI ET DE LA BIBLIOTHÈQUE DU ROI,

RUE SERPENTE, N° 7.

M. D. CCC. XXIX.

A

LORD COMTE DE GUILFORD,

PAIR D'ANGLETERRE, CHANCELIER DE L'UNIVERSITÉ IONIENNE.

Mylord,

Après avoir visité tous les pays chantés par Homère, vous êtes maintenant occupé à répandre sur la Grèce l'inappréciable bienfait de l'instruction, et, à l'exemple des héros Podalyre et Machaon, vous versez un baume salutaire et consolateur sur ses plaies.

C'est donc à vous, Mylord, qu'appartient l'hommage de mes conjectures sur le véritable auteur de l'Iliade et de l'Odyssée.

Si vous les honorez de votre suffrage, tous les amateurs des arts, témoins des généreux sacrifices que vous faites pour la Grèce, imiteront l'indulgence avec laquelle vous avez encouragé mes efforts, et, de concert avec vous, ils m'aideront à soulever, s'il est possible, le voile épais qui dérobe depuis tant de siècles à l'admiration des hommes le plus grand poète, le plus habile guerrier, et le pasteur de peuples le plus accompli qui ait paru dans les siècles héroïques.

Je suis avec respect,

MYLORD,

Votre très humble et très obéissant serviteur,

CONSTANTINOS KOLIADES.

AVERTISSEMENT

DE L'ÉDITEUR.

L'ouvrage du professeur d'Ithaque se compose de deux parties.

La première contient un abrégé de la Vie d'Ulysse, tiré des poëmes d'Homère et de leurs fragmens, attribués à un poète calabrois.

La seconde est un Commentaire de la Vie d'Ulysse, ou plutôt un journal des voyages consacrés à la recherche du véritable auteur de *l'Iliade* et de *l'Odyssée*.

Les extraits que l'auteur a puisés dans *l'Iliade* sont exposés avec ordre.

Les détails fournis par le poète calabrois sont d'autant plus précieux qu'ils sont moins connus.

Mais lorsqu'on arrive à *l'Odyssée,* poëme spécialement consacré à la gloire d'Ulysse, l'auteur s'emporte avec une rapidité extraordinaire; il supprime presque tous les voyages de son héros, et ne nous dit rien de ce qui s'est passé depuis la tempête de Capharée jusqu'à l'arrivée à Ithaque.

C'est, dans la Biographie d'Ulysse, une lacune de dix ans, dont le lecteur s'étonne et s'afflige; ce n'est d'ailleurs que dans quelques notes éparses qu'on trouve, de loin en loin, des inductions assez indirectes, au moyen desquelles l'auteur ramène son paradoxe de l'identité d'Ulysse et d'Homère.

Il est à présumer qu'en abrégeant ainsi les aventures d'Ulysse, et en supprimant tout ce qu'elles contiennent de fabuleux, de trop connu, ou d'étranger à son système, l'auteur a craint d'abuser de la patience de ses lecteurs.

Peut-être aussi a-t-il espéré que le Commentaire de la Vie d'Ulysse, enrichi comme il l'est de nombreux témoignages et de preuves qui paraissent sans réplique, établirait suffisamment l'identité du poète et du héros.

Ce qu'il y a de certain, c'est qu'après avoir lu attentivement la Vie d'Ulysse et son Commentaire, on lit les poëmes de la guerre de Troie avec un intérêt tout nouveau, et qu'on est insensiblement entraîné à croire avec lui *que l'inventeur de ces poëmes en serait plus étonnant que le héros.*

PRÉFACE DE L'AUTEUR.

Un roi obéissant, dit Pope, à la voix de l'honneur, quitte ses États pour une expédition longue et périlleuse, qui doit décider du sort de l'Europe et de l'Asie. Les deux chefs de cette grande expédition, Agamemnon et Ménélas, attachent tant de prix à l'alliance de ce roi, qu'ils se rendent en personne dans sa capitale pour solliciter le secours de sa prudence et de sa valeur.

Pendant la durée de cette guerre longue et sanglante, ils l'appellent dans tous leurs conseils, et ils le chargent de leurs ambassades les plus difficiles; c'est lui qui dirige toutes leurs opérations militaires, qui se montre partout aussi grand orateur qu'intrépide guerrier, qui subjugue et entraîne les chefs et les soldats par la force de son éloquence, qui donne à toute l'armée l'exemple de la subordination, de l'amour conjugal et paternel, enfin de la piété constante envers les dieux.

Ce même roi, après s'être couvert de gloire dans la guerre dont il était l'âme, s'embarque pour retourner dans son royaume et y ramener ses compagnons; mais les tempêtes l'en écartent; il erre plusieurs années en divers pays; il visite les villes de différens peuples; il s'instruit de leurs coutumes et de leurs mœurs; il souffre des peines infinies sur mer pendant qu'il travaille à sauver sa vie, et à procurer à ses compagnons un heureux retour dans leur patrie; mais tous ses soins sont inutiles; les malheureux, négligeant les avis sages qu'il leur donne dans les dangers, périssent tous par leur propre faute.

Seul il aborde dans une île déserte dont il semble ne devoir jamais sortir. Cependant l'anarchie désole ses États; de nombreux usurpateurs consument ses biens, trament la mort de son fils, et veulent forcer son épouse à contracter un nouvel hyménée.

Le retour de ce vaillant roi paraît impossible, et, dût-on le revoir, tout semble perdu pour lui. Enfin, par des moyens surprenans, il revient caché sous un déguisement auquel ses ennemis et ses infortunes l'avaient réduit. Dans les ressources de son génie, dans la fidélité incorruptible de ses vieux serviteurs, il trouve le moyen de triompher de ses ennemis, et il ramène enfin la paix dans ses États.

Quel est donc ce roi qui réunit tant d'éloquence à tant d'adresse, tant de prudence à tant de valeur, enfin tant de talens à tant de vertus?

Ne serait-il pas cet homme étonnant qui a fait dans l'*Iliade* le tableau de la longue guerre où il a combattu, et, dans *l'Odyssée*, l'intéressant journal de ses aventures après cette guerre?

Ne serait-il pas ce génie sublime auquel nous devons le dénombrement de toutes les nations de la Grèce et de l'Asie, de ce chef-d'œuvre d'histoire et de géographie, de ce code immortel et sacré dont les Grecs invoquaient l'autorité pour fixer les limites de leur territoire?

Mais, dira-t-on, s'il en était ainsi, comment le nom de cet homme divin serait-il resté un mystère pour ses contemporains? Quelle cause aurait pu dérober un tel prodige à la connaissance de son siècle?... Il n'est peut-être pas impossible de résoudre ce problème, regardé jusqu'à présent comme insoluble.

A l'époque terrible où l'Europe et l'Asie furent embrasées par cette guerre aussi fatale aux vainqueurs qu'aux vaincus, tous les souvenirs furent effacés, parce que le moyen de les perpétuer était alors inconnu. Parmi les monumens ensevelis dans l'abîme des révolutions affreuses qui suivirent cette guerre, le grand nom de l'auteur de *l'Iliade* disparut. Du moment où l'antiquité en perdit la trace, la postérité dut l'ignorer; et (je ne crains pas de le prédire), elle l'ignorera éternellement, si elle persiste à ne pas reconnaître que l'auteur des poëmes sur la guerre de Troie en serait plus étonnant que le héros. (1)

Si l'on observe d'ailleurs que ce grand roi vivait à une époque où tant de rois à la fois poètes et guerriers, tels que Moïse, David, Salomon, etc., assis sur les trônes de l'Orient, chantaient le dénombrement de leurs peuples et les guerres où ils avaient combattu ;

S'il est vrai, comme l'antiquité l'assure, que l'un des héros de l'armée d'Agamemnon, Palamède, fils de Nauplius, ait fait un poëme sur la guerre de Troie, qu'y aurait-il d'étonnant quand Ulysse, fils de Laërte, aurait aussi chanté cette guerre et ses propres malheurs, pour en transmettre le souvenir à la postérité.

Ινα ησι και εσσομενωσιν αοιδη,.

-----

(1) J.-J. Rousseau.

DU VÉRITABLE AUTEUR

DE

L'ILIADE ET DE L'ODYSSÉE.

VIE D'ULYSSE.

CHAPITRE PREMIER.

NAISSANCE D'ULYSSE.

Céphale, qui donna son nom à l'île de Céphalonie, eut trois fils, Ithacus, Néritus et Polyctor. Le premier jeta les fondemens du royaume d'Ithaque, et il eut pour successeurs ses deux frères, Néritus et Polyctor.

L'île d'Ithaque, quoique petite et peu fertile, s'enrichit sans doute par la situation avantageuse de son port. Elle devait jouir d'une grande prospérité sous le gouvernement de ses premiers fondateurs, puisque Laërte, petit-fils de Céphalus par Arcésius, se détermina à quitter la grande île de Céphalonie, et qu'il préféra celle d'Ithaque pour y fixer sa résidence. (1)

Pendant que Laërte habitait Céphalonie, il paraît qu'il eut occasion de faire la guerre avec l'Épire; car il nous apprend lui-même, dans *l'Odyssée*, qu'il se distingua avec les Céphaloniens au siége de Nérite.

Peu de temps après son arrivée à Ithaque, il épousa Anticlée, fille d'Amphithée et d'Autolycus, roi du Parnasse.

Les murailles d'Ithaque, comme celles d'Argos, de Tyrins et de Mycène, étaient construites en blocs d'une si grande dimension, qu'on les croyait l'ouvrage des Cyclopes. Le palais de Laërte était situé dans la ville, sur une éminence, d'où ce prince pouvait apercevoir d'un coup d'œil tous les pays qu'il avait hérités de ses aïeux. Les îles de Zante, de Céphalonie, de Dulichium, de Crocylée, d'Aigilipe, et une partie du continent de l'Épire.

C'est dans ce palais que naquit Ulysse. Son aïeul Autolycus, qui l'emportait sur tous les hommes dans l'art d'employer la feinte, se rendit à Ithaque au moment où sa fille Antyclée venait de mettre un fils au jour, et il quittait le festin, lorsque la nourrice Euryclée, posant le nouveau-né sur les genoux du prince, lui dit : Voyez, Autolycus, quel nom vous voulez donner à cet enfant, qui vous est si cher, et dont vous avez tant désiré la naissance.

Mon gendre, et vous, ma fille, répondit Autolycus, voici le nom que vous donnerez à cet enfant : comme j'ai été la terreur de mes ennemis, et que j'ai fait sentir mon courroux à une foule de mortels jusqu'aux extrémités du monde, je veux que cet enfant porte le nom d'*Ulysse*, c'est-à-dire *le Terrible*. Dès qu'il sera entré dans l'adolescence, je veux qu'il vienne sur le mont Parnasse, où sa

---

(1) On voit régner à Ithaque d'abord Ithacus, puis Néritus, puis Polyctor. On voit ensuite que Laërte choisit cette île pour sa résidence; mais on serait bien aise d'apprendre comment Laërte hérita de ce royaume : au reste, il est difficile de suivre l'histoire et la généalogie des princes dans ces temps reculés.   (*Note de l'Éditeur.*)

1

mère a reçu le jour ; là je possède des richesses immenses ; je le ferai participer à tous ces biens, et je le renverrai comblé de joie.

CHAPITRE II.

ENFANCE D'ULYSSE.

On ne connaît l'enfance d'Ulysse et son éducation que par quelques traits épars dans *l'Odyssée*. Dans ces temps antiques, dit Strabon, on commençait l'éducation des enfans par la poésie ; on les invitait ainsi à la sagesse par l'appât du plaisir. Sans doute les Grecs avaient reçu ces principes d'éducation des Phéniciens, des Égyptiens, des Hébreux, et peut-être des Indiens, chez lesquels les héros, qui étaient aussi des poètes, commencent leurs récits par leurs propres faits d'armes et leurs pieuses austérités. (1)

Il est donc très probable qu'Ulysse, comme Moïse, étudia la poésie, l'astronomie, la musique, la morale et la religion ; qu'il apprit comme Salomon à connaître les œuvres du Créateur depuis le cèdre jusqu'à l'humble hyssope qui croît dans les murailles.

Il ne serait pas impossible que la ville d'*Alalkomène*, dont on a récemment découvert les ruines dans l'île d'Ithaque, ait occupé l'emplacement d'un temple dédié à Minerve, à cette déesse secourable (ἀλαλκομενης), qui protégea si constamment le héros depuis le jour où il tua le sanglier du Parnasse jusqu'à celui où il extermina les usurpateurs de son trône.

Le seul trait bien connu de l'enfance d'Ulysse est le présent que lui fit son père de quelques arbres fruitiers, et de quelques vignes de son jardin.

La maison de campagne de Laërte était située sur la côte occidentale de l'île, et à peu de distance de la ville.

Ulysse encore enfant suivait les pas de son père dans les jardins, et lui faisait des questions sur tous les arbres qui se présentaient à sa vue. A mesure qu'il passait devant ces arbres, Laërte lui en disait le nom et les qualités. Il lui faisait présent d'un petit verger formé de trente poiriers, de quarante figuiers, et le mettait en possession de douze plants de vigne, qui portaient des grappes en abondance lorsque les saisons ramenaient l'instant de la fécondité.

CHAPITRE III.

ADOLESCENCE D'ULYSSE.

Dès qu'Ulysse fut sorti de l'enfance, il alla chez son grand-père pour recevoir ces beaux présens qu'il lui avait promis. Autolycus et ses enfans le reçurent avec toutes les marques de tendresse, et sa grand'mère Amphithée, l'embrassant étroitement, ne pouvait se lasser de le baiser. Après les premières caresses, Autolycus ordonna à ses enfans de préparer le souper. Ils font donc venir un

---

(1) On peut aisément admettre qu'Ulysse ait été élevé par des poètes ; il n'en coûtera pas plus d'accorder qu'on lui enseigna l'astronomie, la musique, et même la science des plantes, comme aux rois hébreux et égyptiens de son temps ; les formules *sans doute, peut-être, etc.*, autorisent toutes ces suppositions, qui n'ont, après tout, rien d'invraisemblable. Mais au milieu de toutes ces conjectures, il se trouve une vérité, c'est l'épisode des arbres fruitiers dont Laërte fait présent à son fils.

Ce récit est d'une naïveté bien remarquable, et si l'auteur l'avait cité en entier, il en aurait tiré un parti plus avantageux en faveur de son paradoxe. (*Note de l'Éditeur.*)

taureau de cinq ans, ils le dépouillent, le préparent, le mettent en quartiers, en garnissent plusieurs broches, le font rôtir, et servent les portions : on se met à table, on y demeure jusqu'au coucher du soleil, et quand la nuit est venue, chacun va se coucher, et jouir des paisibles dons du sommeil.

Le lendemain, dès que l'aurore eut annoncé le jour, tout part pour une grande chasse, et les fils d'Autolycus, et la meute nombreuse; le noble Ulysse les accompagne. Ils gravissent le haut Parnasse, couvert d'épaisses forêts; ils traversent les sommets de cette montagne; le soleil, sortant du paisible sein de l'océan, commençait à répandre ses rayons sur la plaine. Les chasseurs descendent dans une vallée; les chiens marchent devant eux sur la piste du sanglier. Les princes suivent, et Ulysse est des premiers à la queue des chiens, tenant à la main une longue pique. Le sanglier était dans un fort si épais, que ni les vents, ni la pluie, ni le soleil même, ne pouvaient le pénétrer : la bête était cachée sous quantité de feuilles et de branches entrelacées; le bruit des chiens et des chasseurs qui s'approchaient pour le lancer, l'excita; il quitte son fort, va à leur rencontre les soies hérissées, jetant le feu par les yeux, et s'arrête à leur vue. Ulysse, la pique à la main, avance sur lui pour avoir l'honneur de le blesser le premier; mais le sanglier le prévient, et d'une de ses défenses, il lui fait une large blessure au-dessus du genou, en le frappant de côté. Heureusement la dent meurtrière ne pénétra pas jusqu'à l'os. Ulysse, sans s'étonner, lui porte un grand coup de pique à l'épaule droite, et le perce de part en part : cet énorme sanglier tombe et expire sur-le-champ. Les princes le font emporter, et dans le moment, ils bandent la plaie d'Ulysse, et par des paroles enchantées, ils arrêtent le sang et s'en retournent dans le palais de leur père. Dès qu'Ulysse fut guéri, Autolycus et ses fils, charmés d'avoir vu ces marques de son courage, le comblent de magnifiques présens et le renvoient à Ithaque, où Laërte et Anticlée avaient grande impatience de le revoir. Son retour les combla de joie : ils lui firent raconter son voyage, et lui demandèrent des nouvelles de sa blessure. Il leur fit le détail de tout ce qui s'était passé, et s'étendit particulièrement sur la chasse du mont Parnasse, où il avait été blessé.

CHAPITRE IV.

EXPÉDITIONS GUERRIÈRES. — AMBASSADES D'ULYSSE AVANT LA GUERRE DE TROIE.

ULYSSE, dans sa jeunesse, s'était adonné aux travaux de l'agriculture, comme on le voit par le noble défi qu'il fait à Eurymaque, fils de Polybe : Si, lui dit-il, durant la saison de l'été, lorsque viennent les plus longs jours, on nous imposait à tous deux une tâche à remplir dans une prairie, que je fusse armé d'une faux recourbée, et que vous en eussiez une aussi, nous saurions qui travaillerait le mieux de vous ou de moi jusqu'au coucher du soleil, et tant qu'il resterait de l'herbe à faucher; et que ne puis-je devant vous diriger des bœufs robustes, abondamment nourris, égaux en âge et en force? vous verriez quelle est ma vigueur, et comme je trace un sillon.

Mais quoique le fils de Laërte ne fût pas étranger au labourage et à l'économie domestique, qui donne le moyen de nourrir et d'élever les enfans, il montrait aussi une grande passion pour les flèches et les vaisseaux bien équipés.

Si même aujourd'hui, continue-t-il en défiant toujours Eurymaque, Saturne allumait la guerre en ces lieux, aussitôt, saisissant un bouclier et deux javelots, le front couvert d'un casque d'airain, je paraîtrais, soyez-en sûr, au premier rang des guerriers.

Avant que les Grecs entreprissent la guerre de Troie, il paraît qu'Ulysse avait déjà commandé d'autres expéditions, dont le succès avait été aussi heureux qu'il pouvait le désirer, et dans lesquelles, en qualité de chef, il avait choisi pour lui ce qu'il y avait de plus précieux, et partagé le reste avec ses compagnons d'armes. Ainsi il avait acquis de grandes richesses ; sa maison devenait de jour en jour plus opulente ; tout le monde l'honorait et le respectait.

Il est facile d'entrevoir quelles étaient ces expéditions d'Ulysse. La guerre de piraterie et d'embuscade ne passait pas alors pour une guerre injuste ; c'était, au contraire, dans ces sortes de combats que les braves et les lâches étaient signalés.

Mais au nombre de ces expéditions d'Ulysse, on en trouve une fort remarquable, parce qu'elle donne une idée singulière des mœurs héroïques, qui réunissaient les extrêmes les plus opposés du crime et de la vertu.

L'usage d'empoisonner les flèches, que nous retrouvons aujourd'hui chez les peuples sauvages, n'était pas inconnu dans les siècles des héros. Ulysse monte un de ses vaisseaux pour se rendre à Éphyre, et demander au roi Ilus un poison mortel, pour en frotter les dards dont il se servait pour la chasse. Ce prince refusa de lui en donner, parce qu'il avait la crainte des dieux ; mais lorsque Ulysse passa à Taphos, le prudent Anchialus lui en donna, parce qu'il savait l'usage qu'il voulait en faire, et qu'il le connaissait comme incapable d'en abuser.

A la suite de ces expéditions, plus lucratives pour ceux qui les entreprenaient qu'elles n'étaient dans les véritables intérêts de la patrie, Ulysse fut envoyé en ambassade chez les Messéniens, qui avaient fait une descente dans l'île d'Ithaque, et en avaient enlevé trois cents moutons et leurs bergers.

Le roi Laërte et les vieillards qui composaient son conseil, chargèrent Ulysse de se rendre en qualité d'ambassadeur dans le pays de Lacédémone, et d'exiger des Messéniens, ou le prix, ou l'équivalent du butin qu'ils avaient fait dans le royaume d'Ithaque, sans déclaration de guerre. Iphytus, fils d'Eurytus, se trouvait en même temps qu'Ulysse chez les Messéniens, où il était allé chercher deux mules et autant de juments qu'il y avait laissées. Y ayant fait la rencontre d'Ulysse, il se lia avec lui d'amitié, et lui fit présent d'un arc que son père Eurytus avait coutume de porter, et qu'il avait laissé à son fils en mourant. Ulysse, de son côté, donna à Iphytus une épée et une lance pour gage de l'amitié et de l'hospitalité qu'il contractait avec lui : mais ils n'eurent pas la satisfaction de confirmer ce pacte dans leur palais ; car avant qu'ils pussent se revoir l'un et l'autre, Hercule tua Iphytus, qui, par sa sagesse et sa bonne mine, ressemblait aux immortels.

Il est à présumer que, dans ses expéditions guerrières, dans ses ambassades et dans ses voyages, Ulysse avait fait d'importantes observations sur les hommes et les choses ; qu'il avait acquis cette valeur dans les combats, cette adresse dans les entreprises, et enfin cette éloquence dans les conseils, dont il fit un si noble usage pendant la guerre de Troie, et les terribles catastrophes qui en furent la suite.

Ce fut alors sans doute que Laërte songea à lui choisir une épouse digne de la race d'Arcésius dans les familles des rois ses voisins.

CHAPITRE V.

MARIAGE D'ULYSSE ET DE PÉNÉLOPE.

TYNDARE, roi d'OEbalie, profondément affligé de la mort prématurée de ses deux fils, qui promettaient tout ce que l'on peut attendre de deux héros, songea à se donner un successeur, en choisissant un gendre digne de posséder ses États.

On ne fut pas plus tôt informé de son dessein, qu'il se présenta une foule de princes prétendant à la main de la fille de Tyndare, dont la beauté était renommée dans toute la Grèce. Tyndare se trouva très embarrassé pour se déclarer, voyant qu'il ne pouvait le faire avec sûreté, et sans donner occasion à une guerre qui pourrait inquiéter sa famille et ruiner son royaume.

Ulysse, qui était un des prétendans, continua de signaler ici la même adresse et la même prudence qu'il avait montrées dans son ambassade chez les Messéniens.

Il conseilla à Tyndare de faire jurer solennellement à chacun des concurrens qu'il respecterait le choix d'Hélène, et qu'il ne troublerait jamais le rival heureux qui devrait à son suffrage de régner un jour en Laconie. Aucun n'osa se dispenser de faire le serment, parce que chacun avait assez bonne opinion de lui-même pour espérer que le choix de la princesse tomberait sur lui. Cette beauté, qui devint l'arbitre de sa fortune et de celle de tant de princes, se détermina en faveur de Ménélas, et, par le consentement de Tyndare, le mit en possession du royaume de Sparte.

Chacun des prétendans se retira ensuite chez lui, et Ulysse fut récompensé du conseil sage qu'il avait donné à Tyndare par la main de la vertueuse Pénélope, fille d'Icare, qui, en beauté et en vertu, surpassait toutes les femmes de Mycène et d'Argos.

Cette seconde alliance fut encore sur le point d'avoir pour Ulysse une issue peu favorable. Le père de Pénélope, ne pouvant se résoudre à se séparer de sa fille, qu'il adorait, conjura Ulysse de fixer sa demeure à Sparte; mais ses prières furent vaines. Ulysse partit avec son épouse. Icare, voulant faire encore une dernière tentative, monta sur son char, et fit une si grande diligence, qu'il atteignit les deux époux, et redoubla alors ses instances auprès d'Ulysse pour l'engager à retourner à Sparte.

Ulysse, l'adroit Ulysse, ayant laissé à son épouse le choix de retourner avec son père, ou de s'embarquer pour Ithaque, Pénélope ne répondit rien; mais, en baissant les yeux, elle se couvrit de son voile. Icare comprit alors ce silence; mais, avant de retourner à Sparte, il fit dresser un autel à la pudeur sur le lieu même où il s'était séparé de sa fille chérie.

Ulysse, de retour dans son palais avec sa jeune épouse, prit plaisir à fabriquer lui-même son lit nuptial.

Dans l'enceinte de sa cour, un bel olivier étendait son vaste feuillage. Le tronc était aussi droit qu'une colonne; il fut le centre autour duquel Ulysse bâtit la chambre nuptiale, avec des pierres étroitement unies. L'ayant couverte d'un beau toit, et fermée de portes solides et inébranlables, il abattit les branches de l'olivier, et, polissant avec le fer ce tronc depuis sa racine et dans son contour, il l'aligna au cordeau et le travailla avec art. C'est là le soutien de sa couche. Le perçant ensuite de toutes parts avec une tarière, il n'abandonna point cet ouvrage qu'il ne sortît accompli de ses mains; l'or, l'argent et l'ivoire y confondent partout leur éclat varié. Enfin il tendit au-dessous des bandes de cuir teintes en pourpre. (1)

---

(1) La description de ce lit nuptial est composée de détails intéressans sans doute, mais tellement minutieux, qu'il est évidemment impossible de le supposer décrit par un autre que celui qui l'avait construit.

Combien d'ailleurs il inspire d'intérêt et de charme ce premier monument de l'amour d'Ulysse pour sa vertueuse épouse! Combien il rappelle de constance, de soupirs, de larmes et de tendres souvenirs!

Qu'ils doivent donc paraître odieux ces calomniateurs de Mantinée, qui montraient le prétendu tombeau de Pénélope aux étrangers, en leur disant qu'elle s'était consolée de l'absence d'Ulysse avec les amans qu'elle avait attirés auprès d'elle; qu'Ulysse, à son retour, l'avait chassée de sa maison, et qu'elle était venue finir ses jours dans le lieu où ils montraient son tombeau!

(Note de l'Éditeur.)

CHAPITRE VI.

LES ATRIDES VONT A ITHAQUE POUR SOLLICITER L'ALLIANCE D'ULYSSE.

Ulysse et Pénélope jouissaient d'un bonheur pur et sans mélange sous les yeux de Laërte et d'Anticlée, lorsque la naissance de Télémaque vint mettre le comble aux vœux et à la joie de l'illustre famille.

Leur tendresse pour cet aimable enfant était partagée par leurs serviteurs fidèles et par tous les habitans d'Ithaque, dont ils étaient alors adorés.

Mais bientôt de sinistres bruits de guerre se répandent dans l'île, et viennent troubler les jours sereins qui avaient présidé à l'heureux hymen des deux jeunes époux.

Quelques générations avant cette époque, les Phéniciens avaient enlevé la fille d'Inachus, roi d'Argos; les Crétois celle du roi de Tyr, et les Argiens celle du roi de Colchide.

Alexandre, fils de Priam, roi de Phrygie, encouragé par ces pernicieux exemples, et sans doute par l'impunité des ravisseurs, enleva la femme de Ménélas, roi de Lacédémone (1). Agamemnon, et Ménélas son frère, étaient alors les deux plus puissans rois de la Grèce. Lorsque les deux princes furent décidés à tirer vengeance de l'affront qu'ils avaient reçu des Troyens, et à porter la guerre en Asie, des émissaires investis de leur confiance furent expédiés chez quelques uns des rois les plus voisins de Mycène et de Lacédémone pour les animer contre la famille de Priam. Ce fut là l'origine d'une lutte terrible entre l'Europe et l'Asie.

Toute l'antiquité s'accorde à croire que Palamède fut envoyé vers Ulysse pour l'engager dans cette guerre; mais des modernes ont révoqué ce fait en doute. On fera voir dans la suite de l'histoire d'Ulysse qu'il a tous les caractères de la vraisemblance. Ce qu'il y a de positif, c'est qu'Ulysse lui-même avoue qu'il avait été forcé d'aller à cette guerre. « Après que Jupiter, dit-il au quatorzième chant de *l'Iliade,* eut engagé les Grecs dans cette funeste guerre, qui coûta la vie à tant de héros, *on me força* de conduire des vaisseaux à Ilion : je n'avais aucun prétexte plausible de me refuser à cet honneur, et je craignais les reproches des peuples. »

Aristote assure très positivement qu'Ulysse contrefit l'insensé pour éviter de prendre part à cette guerre; qu'il ensemençait sa terre avec du sel, et que Palamède découvrit sa ruse en plaçant Télémaque sous le soc de sa charrue.

Comme le succès de la ruse de Palamède ne fut pas encore suffisant pour déterminer Ulysse à s'engager dans la guerre, il fallut que les Atrides eux-mêmes, Agamemnon et Ménélas, fissent le voyage d'Ithaque pour le décider définitivement à les suivre à Troie.

---

(1) Des exploits semblables à ceux du fils de Priam n'étaient pas rares dans le douzième siècle. Dermot, roi de Leinster en Irlande, jeta ses vues sur une beauté célèbre nommée Dervorghal, femme de O-Ruart, roi de Leitrim, et, par force ou par ruse, il réussit à enlever cette princesse.

O-Ruart ressentit fortement cet affront, et il forma une confédération des chefs de son voisinage avec le roi de Connaught, le prince le plus puissant de l'Irlande, qui se mit à leur tête. La province de Leinster fut envahie, la princesse fut rendue, et, après des hostilités qui durèrent plusieurs années avec des succès balancés, Dermot fut chassé de son royaume.

Le fugitif Dermot intéressa Henri II dans sa querelle, et la conquête de l'Irlande fut le résultat de cette animosité privée.

Comment arriva-t-il que Henri II et le roi de Connaught prirent tant d'intérêt à l'enlèvement d'une femme, à laquelle son mari seul devait s'intéresser? Il faut bien convenir ici que ce qui arriva en Irlande dans le douzième siècle peut bien être arrivé en Grèce trente siècles auparavant, et à la même occasion.　　　　　(*Note de l'Éditeur.*)

On se demande pourquoi les Atrides éprouvent tant de peine à persuader Ulysse de les accompagner à la guerre, et pourquoi ce héros leur oppose une résistance si obstinée.

C'est parce qu'il connaissait les ressources d'Agamemnon et des rois dont les États étaient voisins des siens; c'est que dans ses expéditions et ses voyages, il avait pu connaître aussi les forces de Priam et de ses alliés; c'est que son œil observateur, son génie pénétrant avait mesuré toute l'étendue de cette vaste entreprise, qu'il en avait calculé toutes les difficultés, et qu'il avait été justement effrayé des malheurs qui allaient fondre sur la Grèce, sur sa famille et sur lui. Ne serait-il pas possible enfin que, guidé par le pur sentiment de la justice et de la sagesse qui le caractérisaient si éminemment, il n'approuvât pas que l'Europe et l'Asie fussent embrasées pour satisfaire la vengeance particulière des seuls Atrides?

Cependant Ulysse se rendit à leurs pressantes sollicitations, et dès qu'une fois il leur eut promis de se dévouer à leur cause, il devint l'âme de leur armée, et leur resta fidèle au-delà même de la ruine entière du royaume de Priam; et, comme le dit Plutarque, en parlant de ce qu'Ulysse faisait au camp des Grecs : « Quand Minerve voulait persuader quelque chose à l'armée d'Agamemnon, c'était le roi d'Ithaque qu'elle mettait en avant. »

La première marque qu'il leur donna de son dévoûment fut de les suivre à OEgium, où quelques autres rois leurs voisins s'étaient aussi rendus pour délibérer sur les moyens d'entreprendre la guerre, ou de l'éviter par la voie des négociations.

CHAPITRE VII.

ULYSSE EST ENVOYÉ AVEC MÉNÉLAS A TROIE POUR REDEMANDER HÉLÈNE.

La ville d'OEgium (1), une des plus belles de la Grèce, était située sur le golfe de Corinthe, dans une vaste plaine élevée au-dessus de la mer. Ses environs étaient plantés d'oliviers et de beaux vignobles; sur la côte opposée du golfe, on apercevait les pays montueux de la Locride, de la Béotie, et jusqu'à l'isthme de Corinthe.

C'est à OEgium que se tint alors l'assemblée la plus auguste qu'on eût vue dans la Grèce, puisqu'elle était composée des Atrides et des rois les plus puissans de leur voisinage. Aussi éleva-t-on un magnifique temple à Jupiter sur le lieu même où elle tint ses séances, et dans la suite, ce fut au même endroit qu'eut lieu la réunion de la ligue achéenne.

Avant de déclarer cette horrible guerre, qui allait embraser l'Europe et l'Asie, les Atrides et les autres rois résolurent de tenter la voie des négociations, sans cependant suspendre ni ralentir les préparatifs de la guerre.

Cette résolution était sage, et pouvait bien avoir été conseillée par le prudent Ulysse, puisqu'il fut choisi pour aller avec Ménélas redemander Hélène à la cour de Priam. On ne conçoit pas comment les Grecs purent, dans une négociation aussi délicate, choisir pour ambassadeur le roi même qui avait à réclamer la réparation de son honneur blessé : mais pour juger sainement une ambassade aussi contraire à nos mœurs, il faudrait bien connaître celles des temps héroïques. Au reste, on ne pouvait certainement pas adjoindre à Ménélas un coopérateur plus habile et plus éloquent que le roi d'Ithaque.

(1) Dans le deuxième siècle, cette ville, quoique fort déchue de son ancienne splendeur, possédait encore quinze temples, un théâtre, un portique et un grand nombre de statues. Ces monumens ont été plutôt détruits par les convulsions de la nature que par les efforts du temps et de la barbarie.

Les deux rois, arrivés à Ilion, reçurent l'hospitalité chez Anténor, et ne tardèrent pas à se présenter dans l'assemblée des Troyens pour y remplir leur importante mission. Lorsqu'ils étaient debout l'un et l'autre, Ménélas attirait les regards par la hauteur de sa taille; mais lorsqu'ils étaient assis, Ulysse paraissait d'une gravité plus imposante.

Quand ils haranguaient l'un et l'autre dans le conseil, Ménélas parlait d'une manière succincte, mais pleine de force: il n'abondait pas en paroles; il ne s'écartait point du but, quoiqu'il fût le plus jeune. Quand le prudent Ulysse se levait à son tour, il paraissait calme, il baissait les yeux, les attachait à terre, ne portait son sceptre ni d'un côté ni de l'autre; il était immobile comme une statue; vous auriez dit un homme sombre agité par la colère, ou dont les sens étaient troublés : mais lorsqu'il déployait sa voix sonore, et que ses paroles sortaient en foule de sa bouche, ainsi que, dans l'hiver, les nombreux flocons de neige descendent sur les campagnes, alors on oubliait son extérieur moins imposant, et l'on n'était frappé que de sa vive éloquence.

Il paraît qu'Ulysse s'introduisit une autre fois furtivement dans la ville de Troie.

« Je ne pourrais, dit Hélène, au quatrième chant de *l'Odyssée*, raconter tous les travaux et tous les combats de l'intrépide Ulysse.

« Je vous parlerai d'un des plus grands périls que courut ce héros au sein des remparts de cette ville, où vous bravâtes, ô Grecs, tant de calamités.

« Un jour, s'étant couvert d'indignes meurtrissures, et revêtu de lambeaux, il eut le courage et l'adresse de pénétrer dans la vaste enceinte de cette ville ennemie, caché sous l'apparence d'un esclave ou d'un mendiant, lui l'un des premiers héros dans le camp des Grecs. Personne ne le reconnut.

« Je fus la seule qui ne fus point trompée par son déguisement : je lui fis plusieurs questions pour tirer la vérité de sa bouche; mais, avec sa finesse et sa souplesse ordinaire, il évita toujours de me répondre.

« Après que je l'eus lavé et parfumé d'essence, que je lui eus donné des habits, et que je me fus engagée par un serment inviolable à ne pas prononcer le nom d'Ulysse qu'il ne fût retourné au camp, alors seulement il s'ouvrit à moi; il me découvrit ses desseins et tous ceux des Grecs.

« Il retourna au camp avec la renommée du chef le plus heureux en stratagèmes, après avoir plongé son glaive dans le sein d'un grand nombre d'ennemis. »

« Tout ce que vous venez de dire d'Ulysse, reprit Ménélas, est vrai dans toutes les circonstances. J'ai parcouru la terre, j'ai connu bien des personnages éminens; jamais ne s'offrit à mes yeux un guerrier qui égalât la constance magnanime de ce héros. Oh! combien encore elle éclata lorsqu'il fut assis avec nous, les chefs les plus hardis de la Grèce, dans les flancs de ce cheval fameux, façonné avec tant d'art, et apportant aux Troyens le carnage et la mort! » (1)

---

(1) « Ulysse, dit Protésilas dans Philostrate, était sans doute d'une éloquence foudroyante; mais il était malicieux, curieux, dissimulé, morose, concentré, plus fanfaron que brave, peu versé dans le maniement des armes et dans l'art de ranger des troupes en bataille ou d'assiéger des villes. On lui attribuait une foule d'actions d'éclat; mais la seule qu'on pût citer avec vérité est l'invention du cheval de bois; car l'exécution même ne lui appartenait pas, puisqu'on la doit à Épéus. »

A ce hideux portrait du moral d'Ulysse, Philostrate ajoute encore celui de son physique : « Il était, dit-il, très petit de taille; il avait l'œil hagard et le nez écrasé, etc., etc. »

Cet acharnement de Philostrate à dénigrer le *héros homérique*, qui d'ailleurs était son compatriote, ne saurait s'expliquer qu'en supposant à ce critique une basse complaisance pour l'aversion dominante des Romains contre les Grecs; car on ne peut se dissimuler que Virgile, Ovide et tant d'autres poètes latins, n'aient prodigué les injures et les calomnies contre les Grecs, dont ils copiaient mot à mot les ouvrages. Était-ce donc aussi une mode obligée à la cour des empereurs romains de maltraiter ces malheureux Grecs après les avoir asservis? On conçoit cette manie sous Auguste, qui avait la prétention de descendre des Troyens; mais cette prétention se serait-elle conservée jusqu'au temps de Philostrate, qui vivait sous Septime Sévère?   (*Note de l'Auteur.*)

Voyons enfin le portrait d'Ulysse peint par Hélène; le témoignage de cette princesse paraîtra sans doute aussi imposant que celui de Philostrate.

Le sage Priam, ayant aperçu Ulysse du haut des portes, dit à Hélène : « Apprenez-moi, ma fille, quel est ce guerrier plus petit de toute la tête qu'Agamemnon, mais dont les épaules et la poitrine sont beaucoup plus larges. Il a laissé ses armes à terre, et il parcourt tous les rangs des soldats. Je le comparerais à un bélier qui passe gravement au milieu d'un troupeau de brebis qui le reconnaissent pour leur roi. »

La divine Hélène lui répond : « C'est le fils de Laërte, le prudent Ulysse, qui, quoique élevé dans l'île d'Ithaque, pays rude et montagneux, ne laisse pas que de savoir toutes sortes de ruses, et d'être admirable pour le conseil. — Vous avez raison, divine Hélène, reprit Antenor; car autrefois, lorsque Ulysse vint en ambassade avec le vaillant Ménélas pour vous redemander aux Troyens, je les reçus en hospitalité; ainsi j'eus l'occasion de connaître l'étendue de leur esprit et leur grande prudence. »

Malgré tous les talens et toutes les ressources que les deux héros grecs déployèrent dans l'assemblée des Troyens, leur ambassade resta sans succès. Les Troyens leur rappelaient l'enlèvement de Médée, leur reprochaient d'exiger une satisfaction qu'ils avaient refusée eux-mêmes, puisqu'ils n'avaient pas voulu rendre la fille du roi de Colchide.

Ulysse et Ménélas revinrent donc à Œgium sans avoir obtenu la justice qu'ils croyaient leur être due, et la guerre fut irrévocablement résolue.

CHAPITRE VIII.

ULYSSE ET NESTOR SONT CHARGÉS DU RASSEMBLEMENT DE L'ARMÉE.

La guerre une fois résolue, Ulysse et Nestor furent chargés par les Atrides de rassembler l'armée, et d'engager les princes de la Grèce à se réunir pour la grande expédition contre le royaume de Priam.

Il y avait assurément bien de la sagesse dans le choix qu'on fit de ces deux héros; car il s'agissait d'une commission d'une haute importance et d'une grande difficulté. Ce n'était pas une chose aisée de persuader à tous les potentats de la Grèce de fournir des vaisseaux, des soldats, et d'en prendre euxmêmes le commandement. La famille de Laërte n'était pas la seule qui montrait, dans l'origine, de la répugnance pour cette guerre. Échépolus, roi de Sicyone, ne se souciait pas non plus d'aller combattre les Troyens, puisqu'il donna à Agamemnon la belle cavale *Éthé* pour s'en exempter.

Enchénor, riche habitant de Corinthe, ne s'embarqua aussi avec les Grecs que pour se mettre à couvert de la honteuse amende à laquelle il aurait été condamné, s'il avait refusé de les suivre.

Pour obtenir donc le succès d'une entreprise aussi vaste et aussi difficile, il ne fallait rien moins que des hommes d'une naissance illustre, d'une prudence consommée, et d'une éloquence insinuante et persuasive; il fallait qu'ils fussent accrédités par le plus puissant des rois auprès de tous les autres souverains de la confédération; il fallait enfin un roi de Pylos et un roi d'Ithaque.

CHAPITRE IX.

DE L'ORDRE ET DU PLAN QU'ULYSSE ET NESTOR ONT SUIVIS DANS L'EXPÉDITION DU RECRUTEMENT DE LA GRÈCE.

On a beaucoup disputé sur l'ordre des nations et des villes mentionnées dans le catalogue de *l'Iliade*. Quelques commentateurs ont prétendu que le poète n'avait eu l'intention d'en suivre aucun. Il serait cependant difficile de comprendre comment, après avoir exécuté avec autant d'exactitude et de soin toutes les descriptions particulières de son immense ouvrage, il eût pu les jeter dans son poëme confusément et sans ordre.

Ulysse et Nestor, pendant les dix années qu'ils firent la guerre aux Troyens, apprirent certainement à connaître le royaume de Priam et les divers États de ses nombreux alliés, les Mysiens, les Phrygiens, les Cariens, les Paphlagoniens, les Chalybes et les Halyzoniens (1); mais ces deux héros durent acquérir une connaissance plus parfaite et plus approfondie de la Grèce entière, puisqu'ils furent spécialement chargés de la parcourir pour en rassembler tous les braves.

Par où commencèrent-ils leur importante expédition, et quel ordre suivirent-ils dans leur marche?

On peut supposer avec quelque vraisemblance qu'ils distribuèrent toutes les nations du catalogue en cinq grandes divisions.

La première de ces divisions, suivant l'observation du savant Schlegel, contenait l'intérieur et comme le noyau de la Grèce; l'Attique, la Béotie, la Locride, la Phocide et l'Eubée.

La seconde comprenait le Péloponnèse, la troisième les îles de la mer Ionienne, avec l'Étolie et l'Acarnanie.

La quatrième les îles de la mer Égée.

Et la cinquième enfin, tous les royaumes de la Thessalie.

Sans prétendre pénétrer trop avant dans leurs intentions et dans leurs motifs, on peut conjecturer avec une grande probabilité qu'ils ont dû commencer leurs opérations par la Béotie.

Cette province était en même temps la plus fertile et la plus peuplée de la Grèce; elle était d'ailleurs la plus voisine du port d'Aulis, où toute la flotte des Grecs devait se réunir; elle était la plus disposée à la guerre contre les Troyens; ainsi les deux rois ne pouvaient mieux placer le foyer de l'étincelle électrique qui devait se communiquer à toute la Grèce continentale et insulaire.

---

(1) Étant aussi éloignés que nous le sommes du siècle d'Homère, et privés de toutes notions historiques sur les peuples de l'Asie mineure, nous ne devions pas espérer d'être plus heureux que les hommes les plus savans de l'antiquité, qui ont épuisé tous leurs efforts pour découvrir le pays qu'occupaient les Chalybes et les Halyzoniens.

Éphore, Hécatée, Paléphatus, Ménécrate, Apollodore, Strabon lui-même, n'ont pas donné la solution de ce problème géographique; il vient d'être complétement résolu par le célèbre orientaliste Amédée Jaubert, dans son intéressant *Voyage d'Arménie et de Perse*.

« Le grand nombre de voyages, dit l'habile géomètre Lacroix, faits dans ces derniers temps, par des hommes en état de se livrer aux observations astronomiques et géodésiques entreprises dans plusieurs contrées de l'Europe, et jusqu'en Égypte même, rendent chaque jour moins importans les secours que la géographie moderne peut retirer de la géographie ancienne; mais cette dernière a beaucoup gagné, et peut acquérir encore par la perfection où est arrivée sur nos cartes la configuration des pays; car ces détails offrent les moyens de reconnaître les *circonstances locales, presque toujours bien décrites par les historiens et même par les poètes.*

« En assujettissant d'abord au plan moderne, c'est-à-dire aux configurations récemment reconnues, la carte qu'ils se proposent de dresser, nos géographes trouvent dans les formes mêmes du terrain l'explication des auteurs anciens, le sens précis des indications qu'ils donnent de la position des lieux dont ils parlent, et reconnaissent par là cette position, qui ne pouvait s'apercevoir lorsqu'on ignorait absolument la topographie des lieux, ou qu'on n'en avait que des notions vagues. »

C'est ainsi que les voyageurs modernes viendront à bout de répandre peu à peu sur Homère des éclaircissemens que les anciens étaient dans l'impossibilité la plus absolue de se procurer.   (*Note de l'Éditeur.*)

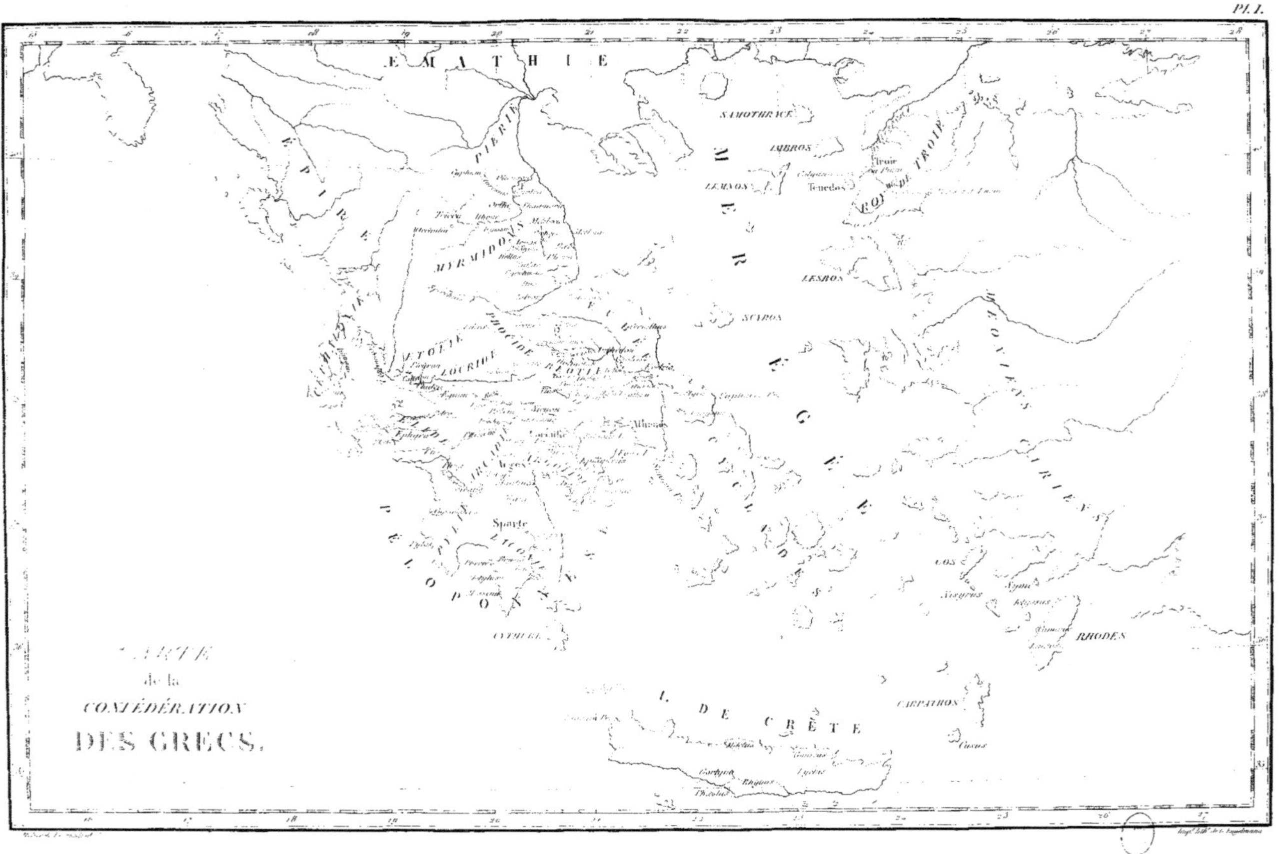

Pl. 1.
CARTE
de la
CONFÉDÉRATION
DES GRECS.
ÉMATHIE
ÉPIRE
PIÉRIE
MYRMIDONS
ÉTOLIE
PHOCIDE
LOCRIDE
BÉOTIE
Athènes
PÉLOPONÈSE
LACONIE
Sparte
CYTHÈRE
MER ÉGÉE
SAMOTHRACE
IMBROS
LEMNOS I.
Tenedos
ROY.me DE TROIE
Troie
LESBOS
SCIROS
CYCLADES
MÉOLIENS CIRIENS
COS
RHODES
CARPATHOS
I. DE CRÈTE
Cydonie
Cnosse

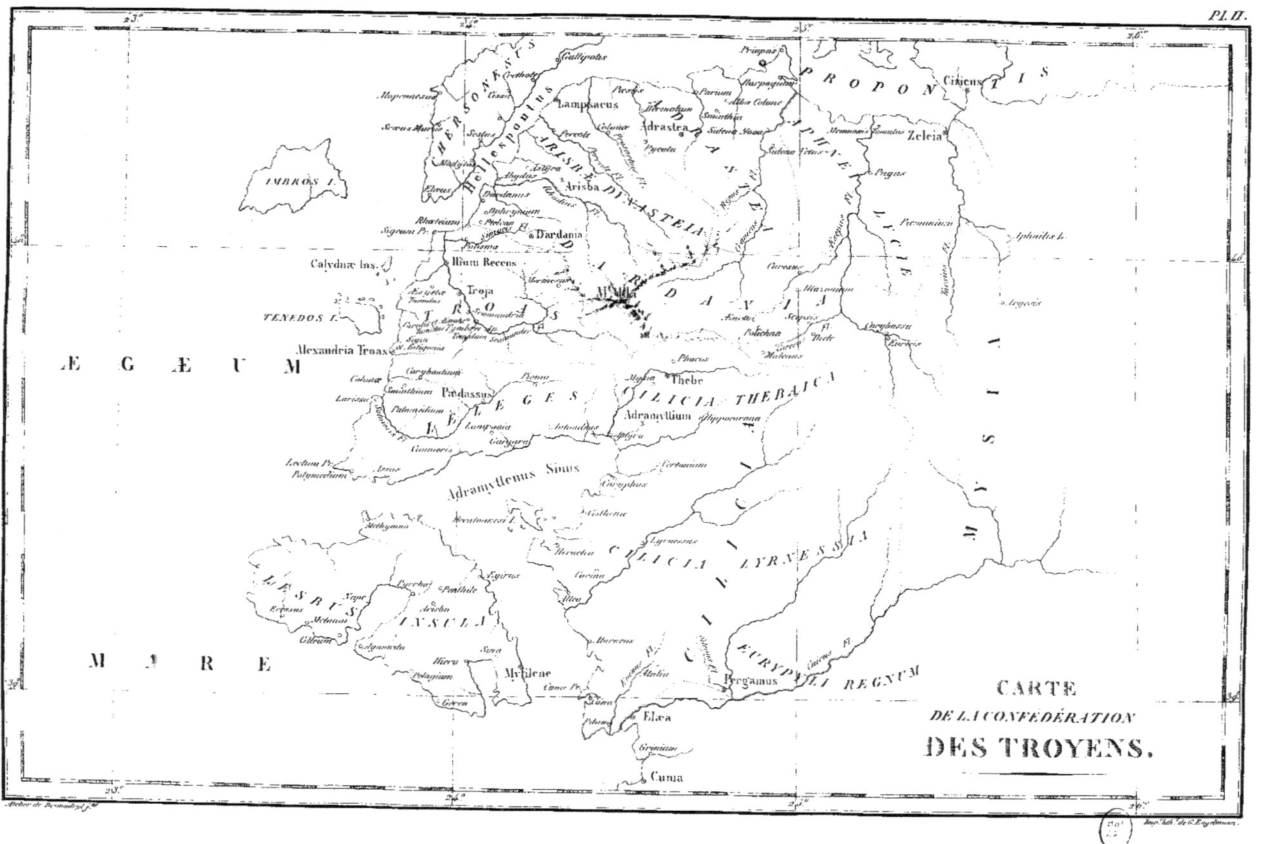

PL. II.
CARTE
DE LA CONFÉDÉRATION
DES TROYENS.
PROPONTIS
Cizicus
MYSIA
LYCIE
CHERSONESUS
Hellespontus
ARISB. DYNASTEIA
DARDANIA
TROAS
Troja
Ilium Recens
Dardania
Alexandria Troas
Calydnæ Ins.
TENEDOS I.
IMBROS I.
ÆGEUM
CILICIA THEBAICA
LELEGES
Pædassus
Thebe
Adramyttium
Adramyttenus Sinus
CILICIA LYRNESSIA
LESBUS INSULA
Mytilene
Pergamus
EURYPYLI REGNUM
Elæa
Cuma
MARE
Lampsacus
Adrastra
Zeleia

CHAPITRE X.

ULYSSE RETOURNE A ITHAQUE POUR Y RASSEMBLER SES VAISSEAUX.

Lorsque Ulysse eut terminé avec Nestor le recrutement de l'armée, et mis la dernière main à la nombreuse confédération de la Grèce, il retourna sans doute à Ithaque pour y préparer le départ de ses propres vaisseaux, régler l'ordre qui devait régner dans sa maison pendant son absence, et prendre en un mot les précautions que la prudence dicte au bon père quand il quitte sa famille, et qu'il peut craindre de ne plus la revoir.

Les richesses de vingt princes n'égalaient pas les siennes : il possédait sur le continent de l'Épire douze troupeaux de bœufs, autant de troupeaux de moutons, de cochons et de chèvres, confiés à la garde de ses propres bergers et de bergers étrangers.

Dans l'île d'Ithaque, il avait douze troupeaux de chèvres qui paissaient à l'extrémité de cette île, sous les yeux de bergers fidèles, et enfin douze troupeaux de cochons confiés à la garde particulière de son fidèle Eumée, fils du roi de Scyros.

Ulysse avait dans Mentor, citoyen d'Ithaque, un sujet dévoué et un ami particulier, qui l'avait accompagné dans ses voyages, et qui jouissait de toute sa confiance, sans doute parce qu'il avait partagé ses dangers; ce fut à lui qu'il remit le soin de sa famille.

Au moment de son départ, comme il embrassait Laërte, Anticlée et son cher Télémaque, Pénélope attachait elle-même sur ses larges épaules, avec une agrafe d'or, un vaste manteau de pourpre, et elle recevait ses tendres adieux.

CHAPITRE XI.

LA FLOTTE DES GRECS PART D'AULIS POUR LA GUERRE DE TROIE.

Il paraît que les vents s'opposèrent long-temps à la sortie des vaisseaux du port d'Aulis, et que les oracles ne dissimulèrent pas que le départ de la flotte dépendait du sacrifice d'une illustre victime, et qu'il fallait qu'Agamemnon immolât sa fille Iphigénie, pour obtenir des dieux une navigation heureuse du port d'Aulis aux rivages de Troie.

Toute l'antiquité s'accorde à dire qu'Agamemnon fut forcé de céder aux cris de l'armée, et de consentir à cette abominable cruauté; mais, soit que la princesse ait péri victime du fanatisme de l'armée, ou qu'elle ait été sauvée par la pieuse fraude d'Ulysse, on reconnaît toujours ici l'influence du roi d'Ithaque sur Agamemnon.

Enfin la flotte appareilla sous les plus heureux auspices; mais bientôt après elle fut forcée de relâcher à Lemnos pour y déposer Philoctète, attaqué d'une maladie contagieuse qui, en l'accablant lui-même, compromettait le salut de l'armée. Sans doute il ne fallait rien moins qu'un motif aussi puissant pour justifier un pareil acte d'inhumanité envers un héros, surtout envers celui dont les armes devaient décider en dernier ressort du succès de la guerre.

Ulysse ne nie pas qu'il fut le premier à conseiller cette mesure extrême, à laquelle Philoctète lui-même consentit, et qui, d'ailleurs, ne pouvait être mise à exécution sans l'aveu des Atrides et de l'armée.

Lorsque les Grecs quittant Lemnos parurent sur les rivages de Troie, avant d'y effectuer leur débarquement, ils durent s'assurer la possession des îles qui en étaient les plus voisines, celles de Ténédos et de Lesbos étaient sans contredit les positions les plus convenables qu'ils pouvaient choisir, puisque ces deux îles touchaient, en quelque sorte, au territoire qu'il s'agissait d'attaquer.

La fertile et vaste Lesbos était celle dont il fallait surtout s'emparer, et il est vraisemblable que ce fut encore l'adroit Ulysse qui ménagea l'alliance ou la défection du roi de cette île importante.

Ce fut du moins lui qui fut admis dans les jeux à combattre ce roi à la lutte, et *qui réjouit par sa victoire tous les Grecs témoins du combat.*

CHAPITRE XII.

L'ARMÉE D'AGAMEMNON DÉBARQUE AU CAP SIGÉE, ET DONNE SA PREMIÈRE BATAILLE CONTRE LES TROYENS.

Les premières batailles dans toutes les guerres sont les plus terribles et les plus sanglantes; chacune des parties belligérantes, imaginant que le succès de ses armes dépend de ce premier choc, fait les plus grands efforts pour le rendre décisif, et souvent la moindre circonstance suffit pour réduire l'agresseur le plus audacieux au triste rôle de la défensive.

Les Troyens étaient bien préparés à l'attaque formidable de l'armée d'Agamemnon, et il ne fallut rien moins que le bras de Patrocle pour les repousser jusqu'aux portes Scées.

Après ce combat acharné et sans résultat, les Troyens se trouvèrent-ils assez affaiblis pour renoncer à de nouveaux combats, et Agamemnon était-il en mesure de prendre position à l'entrée de la plaine d'Ilion, ou se contenta-t-il de mouiller quelques vaisseaux à la mer en face des deux caps pour interrompre la communication des Troyens avec la mer pendant que le reste de la flotte était occupé à porter des troupes sur les côtes de Thrace et d'Asie pour achever la circonvallation de la capitale et rompre ses communications avec les montagnes de l'Ida?

Ce qui semblerait justifier ces dernières conjectures c'est que ce ne fut qu'à la neuvième année du siége et pendant le plus fort des batailles de la plaine que Nestor montra la nécessité de couvrir la flotte d'un retranchement; et comment en effet la flotte entière aurait-elle pu rester neuf années sans défense et exposée aux attaques et aux embûches journalières d'une ville ennemie qui n'en était éloignée que de quelques heures de marche?

Il est probable qu'une partie de la flotte fut laissée en observation dans le port de Ténédos ou mouillée dans la rade de cette île en face de la plaine, pendant que des détachemens plus ou moins nombreux de l'armée participaient à la destruction des villes qui entouraient la capitale de Priam. Ainsi Achille pillait Thèbes et Lyrnesse, après avoir tué le père, l'époux et le frère de la belle Briséis, qu'il traînait en captivité.

Agamemnon s'emparait de la fille du prêtre d'Apollon; le sage et vieux Nestor lui-même enlevait la belle et savante Agamède fille du roi de Ténédos. (1)

Il paraît que ce fut seulement dans les derniers mois de la neuvième année du siége que l'armée entière d'Agamemnon se plaça entre les deux caps Sigée et Rhétée pour décider enfin du sort de la capitale de Priam, après avoir ravagé ses provinces.

Le bouillant Ajax commandait l'aile gauche au cap Rhétée; Achille occupait la droite au Sigée; le roi des rois était au centre.

---

(1) Ulysse, le seul Ulysse ne se montre nulle part dans cette guerre de pillage et de dévastation, et il ne se souille de l'enlèvement d'aucune captive; il semblerait que Pénélope est toujours présente à sa mémoire. Qu'y aurait-il donc d'étonnant quand ce héros vertueux serait l'auteur d'un poëme où il joue constamment un si beau rôle? (*Note de l'Auteur.*)

Dans cette disposition de l'armée, il est à remarquer que le vaisseau d'Ulysse ne devait pas être éloigné de celui d'Agamemnon, puisque la Discorde, *placée sur ce vaisseau*, faisait également entendre sa voix aux deux guerriers, qui, se fiant l'un et l'autre sur leur courage et leur force, avaient pris position aux deux extrémités du camp.

Ainsi la flotte des Grecs, étendue d'un cap à l'autre, se trouva exposée assez long-temps sans aucune défense à toutes les irruptions des Troyens.

Nestor, à la suite de la journée malheureuse où la sûreté des vaisseaux avait sans doute été menacée, donne *le sage conseil* de les couvrir d'un retranchement.

« Fils d'Atrée, dit-il, et vous, vaillans chefs des Grecs, nous venons de perdre dans cette cruelle journée un grand nombre de nos meilleurs soldats, dont l'homicide Mars a versé le sang sur les rives du Scamandre et dont les âmes généreuses sont descendues dans le sombre palais de Pluton; c'est pourquoi demain, dès le lever de l'aurore, nous élèverons à ces héros un seul et même tombeau; ensuite nous couvrirons notre camp d'une muraille flanquée de tours fort élevées. Puis on y pratiquera d'espace en espace des portes pour faire passer nos chars : nous creuserons au-delà un fossé assez large et assez profond pour que les hommes et les chevaux ne puissent pas le franchir. Ces travaux nous rassureront contre les sorties de nos ennemis, et mettront notre camp hors d'insulte. » (1)

CHAPITRE XIII.

ULYSSE EST CHARGÉ DE CONDUIRE CHRISÉIS A SON PÈRE.

D'après l'oracle prononcé par Calchas, Agamemnon se décide enfin, pour le salut de son armée que la peste ravageait, à rendre la jeune et belle Chriséis à son père, grand-prêtre du temple d'Apollon à Chrysa. (2)

C'est le prudent Ulysse dont Agamemnon fait choix pour exécuter cette pieuse ambassade; le vaisseau qui porte la belle Chriséis et son libérateur avec les hécatombes destinées à apaiser Apollon arrive dans la profonde enceinte du port de Chrysa; on plie les voiles, on jette l'ancre, Chriséis descend sur le rivage; Ulysse la prenant par la main, la conduit à l'autel et la présente à son père, en lui disant :

---

(1) L'auteur de *l'Iliade* a prouvé dans beaucoup d'occasions (comme on le verra dans la suite) qu'il était très versé dans l'art militaire; dans cette circonstance, il se montra général d'une grande précaution contre l'ennemi; mais il oublia le sacrifice des hécatombes, et les dieux irrités résolurent de détruire jusqu'aux dernières traces de ce retranchement.

Madame Dacier conclut de ce passage du douzième chant qu'Homère *vivait dans un siècle assez voisin du siége de Troie; car s'il eût vécu*, dit-elle, *plusieurs siècles après, il n'aurait eu besoin que de recourir à la longueur du temps, qui ruine enfin toutes choses. L'autorité d'Aristote*, ajoute-t-elle, *donne beaucoup de poids à cette conjecture.*

(2) Il y avait deux villes qui portaient le nom de *Chrysa* sur le rivage de la Troade : l'une était au fond du golfe *Adramytium*, près de Thèbes, la patrie d'Andromaque; l'autre se trouvait dans le voisinage d'*Hamasitus*, où était le temple d'*Apollon Sminthée.*

Les géographes ont long-temps ignoré quelle était celle de ces deux villes où Ulysse avait conduit Chriséis.

Strabon ne s'exprime pas d'une manière très précise sur cette position géographique; mais *les salines* appelées par les Turcs *Tousla*, découvertes dans ces derniers temps au lieu même où étaient celles d'*Hamasitus*, ne laissent plus aucun doute à ce sujet. Quant à la situation du temple d'Apollon, elle sera aisément fixée par les premiers voyageurs qui prendront la peine d'en chercher les ruines à une demi-lieue de Tousla, sur les bords élevés de la mer, et à droite du sentier qui conduit de Tousla (ou des salines) a Eski Stamboul (Alexandria Troas).

Ces ruines, qui n'ont été qu'aperçues par un voyageur français, s'élèvent très peu au-dessus du sol. Les colonnes et la cella du temple, qui était d'une petite dimension, ont entièrement disparu, mais le plan général de l'édifice est très reconnaissable. Quelques débris de chapitaux épars indiquent qu'il était d'ordre dorique.   (*Note de l'Auteur.*)

« Agamemnon, le roi des hommes, m'a ordonné de vous ramener votre fille et d'offrir en faveur des Grecs au fils de Latone cette hécatombe sacrée pour apaiser le dieu dont les traits nous ont causé tant de malheurs. »

En prononçant ces mots, il met Chriséis entre les mains du vieillard, qui reçoit avec transport sa fille chérie.

On immole l'hécatombe, Ulysse et ses compagnons apaisent Apollon par des chants prolongés jusqu'à la fin du jour.

Quand le soleil a fini sa carrière, ils s'endorment près de leur vaisseau, et le lendemain au lever de l'aurore, ils retournent au cap Sigée.

CHAPITRE XIV.

ULYSSE CHATIE THERSITE.

Les Grecs, découragés par l'absence d'Achille, impatiens de retourner dans leur patrie et d'abandonner une entreprise dont ils n'attendaient plus de succès, étaient sur le point de se jeter dans leurs vaisseaux, et de laisser à Priam cette Hélène pour laquelle tant de héros avaient péri sous les murs d'Ilion.

Ulysse, profondément affligé du découragement et du désordre qui allait en être la suite, prend la résolution noble et hardie de retenir l'armée, et de l'empêcher de mettre les vaisseaux à la mer.

En jetant son manteau, qui est ramassé par son héraut Eurybate, il se met à courir; il rencontre sur son chemin Agamemnon, dont il prend le sceptre avec lequel il se rend sur le rivage.

Quand il trouvait quelque chef de l'armée, il tâchait de le retenir par la douceur de ses paroles. « Généreux prince, leur disait-il, arrêtez et donnez l'exemple aux autres; vous ne savez pas encore certainement quelle est la pensée d'Agamemnon. Ce qu'il fait présentement, c'est pour éprouver ses troupes; bientôt, peut-être, il les châtiera; car la colère d'un roi, fils de Jupiter, est terrible. La gloire dont il est revêtu lui vient de Jupiter même, et c'est ce dieu puissant qui l'aime et qui le tient sous sa protection. »

Quand il voyait quelque soldat mutin et séditieux, il le frappait de son sceptre en lui disant : « Malheureux, demeure en repos et écoute tes supérieurs, qui sont plus vaillans que toi. Quoi donc! serons-nous tous rois ici? La pluralité des *rois n'est point bonne* (1); qu'il y ait un seul chef et un *seul roi*, et que ce soit celui à qui le fils de Saturne a confié son sceptre et ses lois afin qu'il règne sur les peuples. »

En parlant ainsi et avec adresse il retenait l'armée. On voyait de tous côtés les soldats sortir de leurs vaisseaux pour se rendre à une seconde assemblée.

Tous les Grecs prirent leur place et s'assirent dans un profond silence.

Le seul Thersite parlait sans mesure et sans borne, faisait un bruit terrible; il ne savait dire que des

---

(1) La doctrine de la monarchie est une des plus anciennes qui aient été proclamées sur la terre; et comme elle est dans la nature; elle résistera certainement aux ravages des siècles, et finira par triompher de toutes les passions et de toutes les folies des hommes. Il faudra éternellement des rois aux grands peuples, comme des bergers aux nombreux troupeaux. Le repos des nations est incompatible avec l'autorité de la multitude dans les républiques.   (*Note de l'Auteur.*)

Cette note du professeur d'Ithaque est malsonnante dans la bouche d'un Hellène; il n'est pas plus raisonnable d'argumenter contre le gouvernement populaire, en les réduisant tous à des démocraties désordonnées et orageuses, que de déclamer contre la monarchie, en supposant tous les rois des Nérons ou des Henri VIII; les preuves ne manqueraient pas plus d'un côté que de l'autre.

Thersite était certainement un personnage ridicule et odieux, parce qu'il s'attaqua bassement aux rois et aux héros qui étaient la gloire de l'armée.

Mais quand Thersite reprochait à Agamemnon d'avoir attiré sur les Grecs les flèches d'Apollon, en retenant dans sa tente la jeune fille du prêtre Chrisès, avait-il donc tant de tort ?   (*Note de l'Éditeur.*)

injures et toutes sortes de grossièretés; il s'attaquait incessamment aux rois avec insolence, et disait tout ce qui lui venait à la bouche et qui lui paraissait le plus propre à faire rire les Grecs; avec cela il était le plus laid de tous ceux qui étaient venus à Ilion. Il était louche et boiteux, il avait les épaules courbées et ramassées sur la poitrine, la tête pointue et parsemée de quelques cheveux.

Du reste, c'était le plus grand ennemi d'Ulysse et d'Achille, qui étaient l'objet éternel de ses invectives; mais alors il n'en voulait qu'à Agamemnon, à qui, avec une voix très aiguë, il faisait mille sanglans reproches en lui criant de toute sa force : « Fils d'Atrée, de quoi te plains-tu? ou qu'est-ce qui te manque? Tes tentes regorgent de richesses; elle sont pleines de belles femmes que nous te donnons dès que nous nous sommes rendus maîtres de quelque ville. »

Ainsi parlait l'insolent Thersite contre le roi Agamemnon. Ulysse se lève aussitôt et le regardant avec des yeux pleins de colère, il lui dit : « Quelque grand discoureur que tu sois, je te conseille de retenir l'impétuosité de cette langue effrénée; car je te le dis, et cela ne manquera pas, si je te retrouve jamais faisant les mêmes extravagances que tu fais aujourd'hui, je veux périr dans le combat et que les ennemis emportent ma tête, je veux n'être plus appelé le père de Télémaque (1) si je ne te fais dépouiller ignominieusement, et si je ne te renvoie de l'assemblée dans les vaisseaux après t'avoir déchiré à coups de verges comme un vil esclave. »

En achevant ces mots, il le frappe de son sceptre sur le dos et sur les épaules.

Thersite plie sous les coups et se met à pleurer; quelque affligés que fussent les Grecs, ils ne purent s'empêcher de rire, et chacun disait à son compagnon :

« Certainement Ulysse a fait mille bonnes actions (2), mais il n'a jamais rien fait de plus utile que d'avoir imposé silence à ce pernicieux harangueur. Je ne crois pas que cet insolent, avec toute son audace, succombe une autre fois à l'envie de s'en prendre *aux rois*. »

Après avoir châtié Thersite, Ulysse prononce un discours admirable en présence de l'armée.

« Je pardonne aux Grecs, dit-il, s'ils sont dévorés d'ennui sur leurs vaisseaux et s'ils n'ont plus d'yeux que pour leur chère patrie; mais pourtant il serait bien honteux pour eux d'avoir été si long-temps à ce siége et de perdre le fruit de tant de travaux. »

Après qu'il eut cessé de parler, les Grecs jetèrent de grands cris, et les vaisseaux retentirent des acclamations qu'ils donnèrent à son discours. (3)

CHAPITRE XV.

DISPUTE ENTRE ULYSSE ET AGAMEMNON.

Quand l'armée des Grecs se trouva en présence des Troyens sous les murs d'Ilion, le vieux Priam, à l'invitation des guerriers de l'une et l'autre armée, se rendit dans la plaine accompagné d'Anténor, dans le dessein de conclure la paix.

Il y fut reçu par Agamemnon *ayant à ses côtés le sage Ulysse* : là, pour éviter que les deux armées n'en vinssent aux mains, on résolut de décider le différend par un combat singulier entre Pâris et Ménélas, et l'on convint que le vainqueur demeurerait possesseur d'Hélène.

---

(1) La première de ces imprécations est d'Ulysse contre lui-même, et la seconde contre son fils, l'un des objets les plus chers qu'il eût au monde. Cette seconde imprécation ne serait-elle pas extraordinaire dans la bouche d'un autre que l'auteur du poëme?

(2) Ce suffrage de l'armée doit paraître bien précieux au fils de Laërte. Nous trouverons dans la suite beaucoup d'autres témoignages de la prédilection des soldats pour ce héros.

(3) Si Agamemnon avait été l'auteur du poëme, ces acclamations n'auraient pas été pour Ulysse.

Ulysse et Hector furent chargés de mesurer le champ du combat, et de faire tirer les deux combattans au sort pour savoir lequel devait le premier lancer le javelot. Mais la trève est rompue par la perfidie inattendue de Pâris. On ne put éviter que les deux armées n'en vinssent aux mains. Au moment où les phalanges grecques et troyennes commencent à s'ébranler, Agamemnon parcourt les rangs de ses guerriers, applaudissant les uns, réprimandant les autres. Ulysse et Menesthée, qui ignoraient la rupture de l'alliance, attendaient dans l'inaction l'ordre de recommencer la guerre.

Le roi indigné de les voir dans cette inaction, leur fait ces sanglans reproches.

« Fils du roi Pétéus, et vous qui n'avez dans l'esprit que des ruses, pourquoi vous tenez-vous ainsi à l'écart et saisis de crainte ? Pourquoi attendez-vous que les autres Grecs chargent les Troyens ? C'était à vous à commencer l'attaque, et à voler au-devant de la bataille qui s'avance comme un furieux embrasement. N'êtes-vous pas les premiers que je fais appeler au festin quand nous traitons les généraux des troupes grecques ? N'y êtes-vous pas les plus honorés et les mieux partagés ? Et aujourd'hui vous souffrirez sans rougir que tous les généraux de l'armée vous devancent au combat et qu'ils vous ravissent la gloire, dont vous devriez être plus jaloux que des honneurs du festin ? »

Le prudent Ulysse le regardant avec fierté et d'un œil plein de colère : « Fils d'Atrée, lui dit-il, qu'est-ce que je viens d'entendre ? Et quel discours venez-vous de laisser échapper ? Osez-vous nous accuser de reculer quand il faut combattre, et de fuir l'occasion ?

« Quand tous les Grecs, se livrant sans réserve aux fureurs de Mars, vont fondre sur les Troyens, si vous êtes si curieux d'approcher de la mêlée, il ne dépendra que de vous de voir le *père de Télémaque* (1), au milieu des ennemis, enflammer le combat jusqu'à vous faire pâlir de crainte ; réservez donc vos reproches pour ceux qui les méritent. »

Le roi voyant Ulysse véritablement irrité change de ton, et pour réparer l'injure qu'il lui avait faite, il lui dit en souriant : « Divin fils de Laërte, Ulysse, dont la prudence est féconde en *ressources dans les plus grandes extrémités*, je n'ai dessein ni de vous offenser ni de vous rien prescrire. Votre valeur m'est connue, et je connais l'amitié que vous avez pour moi. Je sais que vous n'avez pas d'autres pensées que les miennes, c'est pourquoi faites tout ce que votre esprit vous suggérera ; si j'ai mal parlé, je vous en ferai dans la suite telle satisfaction (2) qu'il vous plaira ; et cependant, veuillent les dieux effacer de votre idée l'impression que mes paroles peuvent y avoir faite ! »

CHAPITRE XVI.

ULYSSE CHERCHE A RALLIER L'ARMÉE, QUI S'ENFUIT ET COURT AUX VAISSEAUX.

Le père des dieux et des hommes fait retentir son tonnerre : les Grecs voyant le ciel en feu et Jupiter armé de ses éclairs et de ses foudres, prennent l'épouvante et se dispersent. Ni Idoménée, ni Agamemnon, ni les deux Ajax, favoris de Mars, n'osent tenir ferme. Nestor, le rempart des Grecs, demeure seul, mais malgré lui ; il ne peut fuir comme les autres, car Pâris avait blessé un de ses chevaux au sommet de la tête où les coups sont les plus mortels. Le cheval pressé par la douleur s'était renversé, et en se débattant il avait effarouché les autres chevaux.

Pendant que le vénérable vieillard s'arrête à couper les traits avec son épée pour se dégager, le ter-

---

(1) Le père de Télémaque est partout ; c'est bien véritablement le héros homérique.

(2) L'auteur de *l'Iliade* dicte ici au *roi des hommes* des excuses qui doivent certainement satisfaire le roi d'Ithaque. Cette scène est toute prise dans la nature, et peinte avec une admirable vérité.

C'est dans cette occasion surtout que l'importance d'Ulysse se fait remarquer.

rible Hector, qui renverse tout ce qui ose lui faire tête, se fait jour pour venir à lui ; Nestor marchait à sa dernière heure, si le vaillant Diomède ne se fût heureusement aperçu du danger où il se trouvait. Il crie de toute sa force pour appeler Ulysse : « Où fuyez-vous, fils de Laërte? Quoi! vous tournez le dos! Ne craignez-vous point que quelqu'un ne vous perce dans votre fuite? Quelle honte pour vous! Arrêtez, et faites en sorte que nous sauvions le sage Nestor des mains d'un cruel ennemi. »

Il dit, et ses paroles ne sont point entendues, Ulysse gagne les vaisseaux en toute hâte. (1)

Ceux qui ont accusé Ulysse de lâcheté dans cette circonstance oublient sans doute qu'à ce moment funeste, Jupiter avait jeté la terreur dans toute l'armée grecque, qu'Agamemnon, Idoménée et les deux Ajax couraient à toute bride, sans doute pour tâcher de rallier les fuyards. Ulysse devait suivre leur exemple, car il s'agissait d'empêcher l'ennemi de pénétrer dans les retranchemens et d'incendier la flotte.

CHAPITRE XVII.

ULYSSE, ACCOMPAGNÉ D'AJAX ET DE PHÉNIX, SE REND A LA TENTE D'ACHILLE.

Agamemnon, après avoir consulté le conseil sur les moyens d'apaiser Achille, fait l'énumération des riches présens qu'il lui destine. Le sage Nestor lui répond : « Grand roi à qui tous les rois obéissent, vous offrez à Achille des présens qu'il ne doit pas rejeter; mais choisissons les ambassadeurs qui iront de notre part chez ce prince : je suis d'avis que Phénix, l'ami de Jupiter, conduise l'ambassade avec le grand Ajax et *le divin Ulysse.*

Après qu'on eut fait des libations, les ambassadeurs se lèvent pour partir. Nestor leur donne à tous leurs instructions et *surtout à Ulysse* (2), et du geste et de la voix il leur enjoint encore de ne rien oublier de tout ce qui sera le plus capable de fléchir et de persuader Achille.

Ils s'en vont donc le long du rivage de la mer (3), et arrivent au quartier des Thessaliens, où ils trouvent Achille jouant de la lyre et chantant les exploits des héros. Aussitôt qu'Achille les aperçoit, il se lève avec précipitation, et leur parle en ces termes : « Soyez les bien-venus, leur dit-il; certainement vous êtes nos amis; il faut qu'une extrême nécessité presse les Grecs pour qu'ils m'envoient les plus grands personnages de l'armée, et ceux que j'aime le plus. Fils de Ménétius, dit-il à Patrocle, remplissez une grande urne des vins les plus exquis, car je reçois dans ma tente les plus chers de nos amis. » On se met à table, Achille *s'assied vis-à-vis d'Ulysse.*

Après le repas, Ajax fait un signe à Phénix : Ulysse aperçoit ce signe, et adresse à Achille le discours le plus insinuant pour le déterminer à secourir les Grecs dans le pressant danger où ils se trouvent.

« Divin fils de Pélée, lui dit-il, nos vaisseaux vont être en proie aux feux des Troyens, si vous ne vous armez de votre force et de votre courage : Hector nous menace de venir, au lever de l'aurore, arracher

---

(1) Ici madame Dacier s'est trompée en traduisant ainsi : « Ulysse, dit-elle, *emporté par la frayeur,* gagne les vaisseaux. » Ce passage, s'il se trouvait dans *l'Iliade,* suffirait à lui seul pour détruire nos conjectures : mais on ne trouve rien de semblable à *la frayeur d'Ulysse;* les deux vers d'Homère signifient seulement que le fils de Laërte, *au lieu d'écouter* les reproches de Diomède, passe rapidement, *et court aux vaisseaux.*

. . . . . Οὐ δ' ἐςάκουσε πολύτλας δῖος Ὀδυσσεύς
Ἀλλὰ παρήϊξεν κοίλας ἐπὶ νῆας Ἀχαιῶν.

« Le divin Ulysse n'écoute rien; mais il court vers les vaisseaux »

(2) Ulysse ne joue pas ici le dernier rôle.

(3) La topographie est toujours d'accord ici avec le récit.

de nos vaisseaux les images sacrées de nos dieux, embraser notre flotte, et nous passer tous au fil de l'épée; que si Agamemnon vous devient tous les jours plus odieux et que vous méprisiez les présens que nous sommes chargés de vous offrir de sa part, ayez au moins pitié de tous les Grecs, qui sont réduits à la dernière extrémité et qui vous honorent comme un dieu. Non seulement vous les empêcherez de périr, mais vous leur acquerrez une gloire immortelle; car vous allez faire tomber sous vos coups le terrible Hector qui vient exercer ses fureurs jusqu'à votre vue, et qui est persuadé que de tous les Grecs que nos vaisseaux ont apportés sur ce rivage, il n'y en a pas un qui ose s'opposer à ses efforts. »

Achille, sans s'émouvoir, lui répond : « Divin fils de Laërte, prudent Ulysse, il faut vous répondre avec franchise, et vous faire connaître ma dernière résolution. Déclarez à Agamemnon, de ma part, que je ne le servirai jamais ni de mes conseils ni de mon épée. Il m'a offensé, il m'a trompé une fois, c'est assez; il ne me trompera pas davantage. Qu'il me laisse en repos, qu'il périsse et qu'il suive sa mauvaise destinée. Quand il me donnerait tous les trésors qui entrent dans Orchomène ou dans la Thèbes d'Egypte, qui est la plus riche ville du monde, avec tous ces immenses présens, Agamemnon ne me fléchirait jamais. » D'après cette réponse et celles que le fils de Pélée adressa à Phénix et à Ajax, il les congédia en leur disant : « Allez dire aux Grecs que je ne prendrai les armes et ne paraîtrai dans les combats que le fils de Priam, le divin Hector, après avoir couvert de morts ce rivage, et mis la flotte en feu, ne vienne menacer les tentes et les vaisseaux des Thessaliens; car, à l'égard de ma tente et de mon vaisseau, quelque furieux que ce fier ennemi puisse être, je l'empêcherai bien d'en approcher. »

Il dit, et chacun des ambassadeurs prend la coupe, ils font des libations et reprennent le chemin du camp, ayant Ulysse à *leur tête.* (1)

Lorsque les ambassadeurs arrivent dans la tente d'Agamemnon, ce prince, dont les inquiétudes augmentaient encore l'impatience, se hâte de les interroger, et s'adressant à Ulysse : « Sage Ulysse, lui dit-il, qui êtes la gloire des Grecs, tirez-moi de la peine où je suis; cet homme veut-il repousser de nos vaisseaux les flammes ennemies, ou nous refuse-t-il, et la colère règne-t-elle toujours dans son cœur avec la même violence? »

« Grand roi, répond le fils de Laërte, loin d'éteindre le feu de sa colère il ne fait que l'irriter; il rejette les présens que vous lui offrez, il menace de mettre demain ses vaisseaux à la mer, et il nous conseille d'exhorter tous les Grecs à suivre son exemple. »

CHAPITRE XVIII.

EXPÉDITION NOCTURNE D'ULYSSE ET DIOMÈDE AU CAMP DES TROYENS.

Les Grecs avaient été poursuivis par les Troyens jusqu'auprès de leurs vaisseaux; ils étaient forcés de renoncer à la prise d'Ilion, de se rembarquer honteusement et de perdre beaucoup d'hommes, car les embarquemens précipités, et à la vue d'un ennemi qui s'acharne à poursuivre, sont toujours très dangereux.

Nestor propose le seul moyen dont on pouvait user dans un si grand péril. « Mes amis, dit-il aux héros assemblés au bord du retranchement, n'y aurait-il pas ici quelqu'un qui eût l'audace d'aller, sur l'heure même, dans le camp des Troyens, pour tâcher de faire prisonnier quelqu'un des ennemis qui se serait écarté, ou d'apprendre quelque nouvelle qui nous fît découvrir leurs desseins? »

Ulysse et Diomède se présentent et sont choisis pour cette expédition, qui n'était autre chose qu'une

______

(1) Ulysse est à la tête de l'ambassade en revenant, parce que Phénix est resté dans la tente d'Achille. (*Note de l'Aut.*)

découverte ou une reconnaissance militaire. Il était, en effet, d'une grande importance pour les Grecs de bien connaître la position et les projets de leurs ennemis, afin de prendre les mesures convenables pour résister à leur attaque.

Les Troyens vainqueurs chargent de leur côté Dolon d'aller sans bruit, et dans l'ombre, s'assurer si les Grecs ne s'embarquent pas.

Le malheureux est rencontré, dans les ténèbres, par les deux guerriers grecs, qui le saisissent; il les implore en répandant des larmes. L'artificieux Ulysse lui dit : « Rassure-toi. Écarte la pensée de la mort. Réponds-moi, et sois fidèle à la vérité. En portant ici tes pas, où as-tu laissé Hector? En quel lieu sont ses armes redoutables? Où sont ses coursiers? Comment sont disposées les gardes des Troyens et leurs tentes? Dis-nous les projets qu'ils concertent, s'ils sont résolus d'attaquer nos vaisseaux, ou s'ils veulent retourner dans leurs murailles contens d'avoir repoussé les Grecs?.... » Ces questions d'Ulysse sont rapides, nombreuses et vraiment militaires. « Je vais vous répondre avec la plus exacte vérité, dit en tremblant le fils d'Eumède.

« Hector et les principaux chefs, loin du tumulte, tiennent un conseil près du tombeau d'Ilus; quant aux gardes, illustres héros, il n'y en a point d'établies pour s'occuper de notre sûreté et nous garantir de surprise. Les Troyens à qui le devoir en impose la loi, veillent autour des feux et s'exhortent à la vigilance. Nos alliés sont plongés dans un profond sommeil et nous abandonnent le soin de garder le camp. Ils n'ont auprès d'eux ni leurs enfans ni leurs femmes. »

« Mais, reprend l'adroit Ulysse, ces alliés endormis sont-ils confondus avec les braves Troyens, ou sont-ils séparés? »

« Je vais aussi vous satisfaire à ce sujet, repartit Dolon :

« Les Cariens, les Péoniens, les Cauconniens, les Lélèges et les vaillans Pélages sont campés vers la mer; les Lyciens, les superbes Mysiens et les peuples de Phrygie et de Méonie, avec leurs chars, sont dans la vallée de Tymbra. »

Pour bien juger de cet ordre de bataille, il suffit de jeter un coup d'œil sur la carte de la plaine de Troie.

Il est clair qu'Hector se trouve à sa place, au centre de son armée, puisqu'il tient conseil un peu à l'écart, près du tombeau d'Ilus.

Son aile droite est dans la vallée de Tymbra et opposée au poste d'Ajax, l'aile gauche vers la mer, en face de celui d'Achille.

Ulysse et Diomède, profitant des renseignemens de Dolon, font un horrible carnage de l'avant-garde de Rhésus, s'emparent du butin et reviennent au camp.

On conçoit que pour une expédition de cette nature, un seul homme était préférable à une réunion d'individus, en ce qu'il pouvait s'approcher des vaisseaux avec plus de facilité. Les Grecs, au contraire, inquiets de pénétrer les desseins des Troyens, envoient Ulysse et Diomède à la découverte. Cette reconnaissance vraiment militaire avait pour but deux objets : le premier de connaître la position des Troyens, le second de ramener au camp des gages de victoire qui témoignaient que, lorsque deux guerriers avaient eu la hardiesse de pénétrer au centre de l'avant-garde ennemie, d'y enlever le char et les chevaux de Rhésus; il était encore permis d'espérer des succès si les Grecs réunis voulaient faire un dernier effort pour les obtenir.

Les questions qu'Ulysse fait à Dolon sont pressantes et toutes militaires. Diomède et lui allaient reconnaître en masse la position des Troyens, mais ayant été assez heureux pour prendre un espion, ils pouvaient acquérir de cet individu, transi de peur, des renseignemens plus positifs et surtout plus détaillés que ceux qu'ils pouvaient obtenir en observant eux-mêmes à la dérobée. C'est ainsi que Dolon leur donne à connaître que le quartier général d'Hector est près du tombeau d'Ilus, circonstance qu'ils ignoraient sans doute, et dont la connaissance pouvait leur être très utile.

CHAPITRE XIX.

ULYSSE COMBAT SEUL CONTRE TOUTE L'ARMÉE DES TROYENS.

La détresse des Grecs allait toujours croissant, et leur découragement devient tel, qu'Agamemnon (1), pour dernier effort, veut donner l'exemple de la valeur à ses troupes. A cet effet, il se précipite le premier loin des siens et vole au fort de la mêlée; armé de sa lance et de son épée, il parcourt les rangs des Troyens en y portant le ravage et la mort; nul n'est plus ardent au carnage; enfin, sa fureur est telle, que le vaillant Hector lui-même croit prudent d'éviter sa rencontre; mais Coon, se glissant furtivement à côté d'Agamemnon, le frappe de sa lance. Agamemnon continue cependant de combattre, mais bientôt les douleurs aiguës qu'il ressent de sa blessure l'obligent de remonter sur son char et de se retirer vers ses vaisseaux.

Hector voyant la retraite d'Agamemnon, en profite pour exciter de nouveau l'ardeur des Troyens. Les combats recommencent avec une nouvelle fureur. La défaite des Grecs est entière, et ils auraient tous fui jusqu'à leurs vaisseaux si le *sage Ulysse* n'eût enflammé la valeur de Diomède en lui rappelant son courage accoutumé et en l'invitant à s'unir à lui pour soutenir le combat, arrêter les Troyens victorieux et éviter que la flotte ne tombât au pouvoir du superbe Hector.

Ces deux guerriers se jettent avec fureur dans les rangs ennemis, et ravagent leurs cohortes. Mais bientôt Diomède reçoit une blessure qui le met hors de combat et l'oblige de retourner vers la flotte.

Ulysse demeure seul exposé aux plus grands dangers. « N'importe! s'écrie-t-il, je me reproche d'avoir délibéré. Ne suffit-il pas de savoir qu'il n'y a que les lâches qui fuient, et que tout homme qui a du courage, ne doit jamais considérer le danger? »

Pendant qu'il roule toutes ces pensées dans son esprit, les bandes troyennes fondent sur lui de tous côtés, mais elles courent à leur perte; car, tel qu'un sanglier, qui, sortant d'une forêt, se voit tout à coup environné d'une meute de chiens et d'une foule de chasseurs, il aiguise ses mortelles défenses, et, les yeux étincelans de feu et de sang, il se jette au milieu de cette troupe ennemie et en fait un horrible carnage : tel Ulysse, favorisé de Jupiter, se jette au milieu des Troyens, qui l'enveloppent et le pressent.

Il abat le vaillant Déiopite; il immole Ennomus et Thoon, etc.; il renverse à ses pieds Charops, fils d'Hippasus. Le redoutable Socus voyant le malheureux sort de son frère Charops et désirant le venger, lance son javelot contre Ulysse, le blesse et prend la fuite. Ulysse, quoique blessé, le poursuit et le tue. Les Troyens voyant alors le sang couler de la plaie d'Ulysse fondent tous sur lui. Forcé de céder au torrent, il se bat en retraite, et crie trois fois pour appeler le secours de ses compagnons. Ménélas entend sa voix et vole avec Ajax à son secours. Il le retire de la mêlée, et lui aide à marcher jusqu'à ce que son écuyer lui ait amené son char pour le conduire aux vaisseaux.

---

(1) Agamemnon se montre bien dans cette circonstance; mais on va bientôt voir qu'Ulysse se présente avec une bien autre valeur; et l'on comprend que quand il aurait lui-même composé le récit de sa bataille avec les Troyens, il ne se serait assurément pas mieux partagé.

CHAPITRE XX.

ULYSSE COMBAT L'AVIS D'AGAMEMNON, QUI PROPOSE D'EMBARQUER L'ARMÉE ET DE PRENDRE LA FUITE.

Hector jetant une énorme pierre contre une des portes du retranchement, l'enfonce, s'ouvre un passage, et, à la tête de ses troupes, auxquelles rien ne peut résister, il poursuit les Grecs jusque dans leurs vaisseaux. C'est là que se livrent les combats les plus opiniâtres; on n'entend partout que les cris des mourans et des blessés, le bruit éclatant des épées et des lances qui frappent sur les casques, les cuirasses et les boucliers.

Cependant les rois qui avaient été blessés, Diomède, Ulysse et Agamemnon, étaient sortis de leurs vaisseaux, qui étaient les plus éloignés du lieu du combat, poussés par l'impatience et le besoin de voir ce qui se passait dans la bataille; ils s'avançaient lentement, appuyés sur leurs piques et le cœur plein de chagrin. Nestor les rencontre en cet état; sa vue augmente leur trouble, et, après un long entretien, Agamemnon finit par lui dire : « Puisque les Troyens ont pénétré jusqu'à nos vaisseaux, et que la vigoureuse résistance qu'on leur a opposée n'a pu les empêcher de forcer nos retranchemens, sur lesquels nous fondions de si grandes espérances, il faut croire que Jupiter veut que nous périssions sans gloire sous les murs d'Ilion.

« Prenons donc notre parti; mettons d'abord à l'eau tous ceux de nos vaisseaux qui sont les plus près de la mer (1), et tenons-les à l'ancre jusqu'à la nuit, et alors si les Troyens interrompent leurs attaques pour prendre quelque repos, nous mettrons à la mer le reste de la flotte, et nous ferons voile; car on ne peut être blâmé de faire une retraite salutaire, quoiqu'on la fasse la nuit; il vaut toujours mieux se dérober par la fuite à un danger visible que de tomber entre les mains de ses ennemis. »

« Fils d'Atrée, s'écrie le prudent Ulysse, en jetant sur lui un regard d'indignation, quelle parole, quel pernicieux conseil venez-vous de laisser échapper? Malheureux prince! plût aux dieux que vous fussiez à la tête d'une autre armée digne d'un tel chef, et que vous ne nous commandassiez pas, nous qui sommes amoureux de la gloire, et destinés par Jupiter à soutenir de pénibles combats depuis l'enfance jusqu'à la vieillesse, et jusqu'à ce que chacun périsse victime de son courage; pourriez-vous abandonner ainsi, à la veille de la victoire, le siége de Troie après tant de travaux soufferts? Ah! qu'on ne vous soupçonne jamais d'un dessein si lâche, et qu'aucun autre des Grecs n'entende de vous des propos si indignes, je ne dis pas d'un homme qui porte un sceptre et qui commande à des peuples aussi nombreux que ceux qui vous sont soumis, mais de tout homme qui sait parler et se taire, et à qui les dieux ont conservé quelques sentimens d'honneur! Faut-il même vous prouver que le parti que vous proposez n'est pas soutenable? Quoi! vous voulez que, pendant que l'attaque dure encore et qu'à peine nous avons le temps de respirer, vous voulez que nous mettions nos vaisseaux à la mer? Que pourriez-vous faire de plus avantageux pour nos ennemis? N'est-ce pas leur livrer la victoire et nous mettre en danger d'être entièrement défaits? Car les navires ne seront pas plus tôt à l'eau que nos soldats ne penseront plus à soutenir de si terribles attaques. Ils n'auront plus d'yeux que pour la mer; ils prendront la fuite et se

---

(1) Cette disposition des vaisseaux et la grande bataille qui se donne au treizième chant de l'*Iliade*, respirent une telle exactitude, une telle apparence de vérité aux yeux des voyageurs, et surtout des militaires, qu'aucun d'eux ne doute qu'elle n'ait été décrite par un témoin oculaire.   (*Note de l'Auteur.*)

précipiteront en foule sur les vaisseaux. Ainsi, illustre chef de l'armée la plus formidable qui fut jamais, ce sera votre conseil qui aura été la cause de notre perte. » (1)

Agamemnon lui répondit avec douceur : « Fils de Laërte, vous avez pénétré mon cœur par ce reproche plein de vigueur ; je ne prétends point forcer les Grecs à mettre leurs vaisseaux en mer, et s'il y a ici quelqu'un jeune ou vieux qui puisse donner un meilleur conseil, je serai le premier à le suivre. »

Alors le jeune et vaillant Diomède prend la parole : « Allons, dit-il, tout blessés que nous sommes, allons soutenir nos troupes et rétablir le combat ; nous ne nous engagerons pas dans la mêlée, nos forces ne nous le permettent pas ; mais, nous tenant hors de la portée des traits, nous retiendrons ceux que la peur et l'envie de se sauver obligeraient à prendre la fuite, et nous les forcerons de faire tête à l'ennemi. »

<hr>

CHAPITRE XXI.

ULYSSE, SANS ATTENDRE LE CONSENTEMENT D'ACHILLE, ORDONNE AUX GRECS D'ALLER PRENDRE DE LA NOURRITURE, ET, AVEC SEPT AUTRES GÉNÉRAUX, PORTE LES PRÉSENS D'AGAMEMNON AU MILIEU DE L'ASSEMBLÉE.

Lorsque Thétis eut mis aux pieds d'Achille les armes de trempe divine qu'elle lui avait apportées, le héros parcourt le rivage de la mer, et d'une voix terrible il appelle tous les chefs de l'armée.

L'intrépide Diomède et le divin Ulysse, tous deux favoris de Mars, viennent des premiers s'appuyant sur leurs javelots, à cause de leurs blessures, et s'asseyent au premier rang. Agamemnon arrive le dernier, car il n'était pas encore guéri du coup de lance qu'il avait reçu du fils d'Antenor.

Quand les Grecs furent tous assemblés, Achille se lève et parle en ces termes :

« Fils d'Atrée, quel avantage avons-nous retiré, vous et moi, de nos discussions ?... Tout ce que nous avons gagné, c'est de servir Hector et les Troyens. Les Grecs se souviendront long-temps de notre querelle ; mais n'y pensons plus.... Domptons nos courages pour obéir à la nécessité.... »

Il dit, et tous les Grecs furent remplis de joie en voyant le magnanime fils de Pélée renoncer à son ressentiment.

Agamemnon prit ensuite la parole, et après avoir prononcé une réparation à la fois noble et satisfaisante pour sa conduite envers Achille, il finit par lui dire : « Levez-vous donc, fils de Pélée, pour marcher au combat, et ordonnez aux troupes de vous suivre ; je vais vous envoyer tous les présens qu'Ulysse vous a promis dans votre tente ; et si vous voulez suspendre un instant votre généreuse ardeur, vous allez les voir passer devant vous. »

Achille lui répond : « Fils d'Atrée, qui avez la gloire de régner sur tant de rois, vous m'enverrez tous ces présens, ou vous les garderez ; vous en êtes le maître ; présentement ne songeons qu'à combattre. Tout dépend du succès de cette journée ; marchons donc, et qu'on se souvienne de m'imiter quand on me verra enfoncer les phalanges troyennes. »

Le sage Ulysse, prenant la parole, lui dit : « Divin fils de Pélée, quelque impatience que vous ayez d'aller au combat, ne menez pas vos troupes à jeun attaquer l'ennemi, car l'affaire ne sera pas si tôt

<hr>

(1) Voici encore une occasion où Ulysse laisse Agamemnon loin derrière lui pour la sagesse et l'éloquence. On aurait peine à concevoir qu'un poète indifférent à la gloire et à la renommée du fils de Laërte eût pu mettre dans sa bouche un conseil aussi supérieur à celui du roi des rois.

décidée : dès que les deux armées auront donné, que les bataillons seront mêlés, et que Mars aura soufflé ses fureurs dans tous les esprits, le combat sera plus long et plus opiniâtre qu'on le pense.

« C'est pourquoi ordonnez aux Grecs d'aller repaître sur leurs vaisseaux. Le pain et le vin sont la force et le courage du soldat.

$$\Sigma\text{ίτα καὶ οἴνοιν τὸ γὰρ μένος ἐστὶ καὶ ἀλκή.}$$

« Il est impossible qu'un homme qui n'a pas mangé combatte toute une journée depuis le lever du soleil jusqu'à son coucher; car si son courage ne l'abandonne pas, ses forces l'abandonneront; la soif et la faim l'épuisent, et ses genoux défaillans refusent enfin de lui obéir; au lieu que celui qui a pris de la nourriture combat tout le jour; ses forces répondent à son courage, et s'il arrive enfin qu'il tombe en défaillance, ce n'est qu'après que le combat est fini. C'est pourquoi renvoyez les troupes, et ordonnez-leur d'aller prendre leur repas. (1)

« Agamemnon va faire apporter au milieu de l'assemblée les présens qui vous sont destinés, afin que les Grecs les voient, et que vous ayez la satisfaction de jouir des honneurs qu'on vous rend....

« Et vous, fils d'Atrée, souvenez-vous en même temps d'être plus juste et plus modéré envers les autres, et ne croyez pas qu'il soit indigne d'un roi de faire réparation à ceux qu'il a offensés. » (2)

« Sage fils de Laërte, lui répond Agamemnon, j'ai entendu avec un grand plaisir tout ce que vous venez de dire; car vous avez parlé avec beaucoup de raison et de justice.... Je vous ordonne, Ulysse, de choisir dans toute l'armée la fleur de nos jeunes guerriers, et d'apporter de mon vaisseau tout ce que nous avons promis à Achille. »

« Agamemnon, vous devez remettre ces cérémonies à un autre temps, repartit le vaillant Achille, attendons que la guerre nous donne quelque relâche. Vous pouvez ordonner aux troupes d'aller repaître; pour moi, si j'en étais cru, les Grecs marcheraient au combat dans l'état où ils sont, sans avoir mangé. Ce soir, après le coucher du soleil, ils auraient tout le loisir d'être à table, quand nous serons vengés de l'affront que nous avons reçu. Avant ce temps-là, je ne puis ni manger ni boire. Comment le pourrais-je, quand mon cher Patrocle est étendu à la porte de ma tente, percé de coups, et environné de mes compagnons qui le pleurent? »

Le sage Ulysse lui répond : « Fils de Pélée, vous avez, sans comparaison, plus de valeur et de force que moi, *mais je puis avoir plus de prudence et d'expérience que vous;* car j'ai plus vécu et vu plus de choses que vous.

« C'est pourquoi suivez mes conseils : les hommes les plus courageux sont bientôt las du combat; les épis ne tombent pas plus épais sous la faucille, dans le temps de la moisson, que les hommes tombent sous l'épée. Ce n'est point en jeûnant que les Grecs doivent *pleurer un mort.* Nous perdons tant de guerriers tous les jours, qu'on ne ferait que jeûner, et jamais notre deuil ne serait fini. Il faut enterrer ceux qui sont morts, et il faut ce jour-là arroser leur tombeau de nos larmes, et nous consoler. Que ceux qui sont échappés du combat prennent de la nourriture et réparent leurs forces, afin de pouvoir soutenir le poids de leurs armes, et combattre sans relâche contre l'ennemi.

« Qu'on aille donc repaître, et que tout à l'heure on vienne se ranger en bataille pour marcher contre les Troyens. Malheur à ceux qui attendront dans leurs vaisseaux un nouvel ordre! » (3)

----

(1) Ces conseils longs et détaillés sont d'un militaire consommé, qui ne craint pas de donner des leçons sages et de bonne administration au fils de Pélée.

(2) Ulysse apostrophe le chef de l'armée avec autant de liberté que le bouillant Achille.

On peut conclure de là, ou qu'on lui accordait une grande influence dans l'armée, ou qu'il a su se la donner à lui-même s'il est l'auteur du poëme.

(3) Ulysse montre encore ici une grande autorité

Il dit, et, sans différer, il prend avec lui les fils de Nestor, et les autres guerriers vont tous ensemble dans la tente d'Agamemnon y chercher les présens destinés au fils de Pélée. La belle Briséis marchait à la tête de sept belles captives, et faisait la huitième. Ulysse, à la tête des jeunes guerriers, porte lui-même sept talens d'or bien pesés, et va les déposer, avec les autres présens, au milieu de l'assemblée.

CHAPITRE XXII.

FUNÉRAILLES DE PATROCLE. — ULYSSE COMBAT AJAX A LA LUTTE ET A LA COURSE.

Le tombeau de Patrocle achevé, les Grecs se retirent; mais Achille, qui n'était pas encore content des honneurs funèbres qu'il avait rendus à son ami, veut terminer les funérailles par des jeux et des combats.

Les jeux commencent par la course des chars, qui est suivie du combat du ceste, après lequel le fils de Pélée présente aux Grecs le prix du troisième combat, qui est celui de la lutte.

Ces prix placés au milieu de l'assemblée, Achille se lève, et dit aux Grecs : « Que ceux qui ont le courage et la force de soutenir ce combat se lèvent, et qu'ils viennent essayer de remporter ce prix. »

En même temps on voit lever le grand Ajax, fils de Télamon, et le prudent Ulysse. On leur met une ceinture autour des reins, et ils s'avancent au milieu de l'arène.

D'abord, avec leurs bras robustes, ils se saisissent au corps, se serrent et se joignent aussi étroitement que deux poutres qu'un habile charpentier a emboîtées ensemble, afin qu'elles soutiennent le comble d'une maison contre la violence des vents. Leurs os gémissent sous la force de leurs mains entrelacées; des torrens de sueur coulent de leurs côtés. Enfin Ulysse, usant de son adresse ordinaire, frappe Ajax sur le jarret, le jette à la renverse et tombe sur lui.

Les troupes, ravies d'admiration, poussent de grands cris, et élèvent jusqu'aux cieux le fils de Laërte. (1)

Les deux athlètes se relèvent et en viennent aux prises pour la seconde fois : ici, la victoire reste indécise; ils tombent tous deux sur le sable l'un près de l'autre, tout couverts de poussière et de sueur. Ils se relèvent, et allaient se reprendre pour la troisième fois, si Achille ne les eût retenus en leur disant : « Vous avez donné assez de preuves de votre force et de votre adresse; comme votre gloire est égale, vous remporterez des prix égaux. »

Alors le fils de Pélée fait exposer au milieu de l'assemblée les prix de la course : une urne merveilleuse, ouvrage des Sidoniens, devait être la récompense de celui qui montrerait le plus de légèreté; le second prix était un taureau sauvage et le troisième un talent d'or.

Ulysse se présente encore avec Ajax, fils d'Oïlée, et le fils de Nestor, Antiloque, qui surpassait en vitesse et en légèreté tous les jeunes gens de son âge. Ils partent ensemble comme des éclairs, bientôt le fils d'Oilée devance ses rivaux; mais Ulysse le suit de près. Tous les Grecs s'intéressent pour Ulysse et favorisent par leurs vœux l'ardeur qu'il témoigne pour la victoire. Ils tâchent d'augmenter la rapidité de sa course par leurs acclamations (2). Comme ces deux héros sont sur le point d'arriver à la barrière,

---

(1) Dans toutes les circonstances où Ulysse paraît devant l'armée, c'est pour y recevoir des applaudissemens et des marques de prédilection.

(2) Quelle constante prédilection, quel immense intérêt les Grecs témoignent au vaillant Ulysse! Ils tâchent d'augmenter la rapidité de sa course par leurs acclamations.

Ajax glisse et tombe sur un endroit encore mouillé du sang des taureaux qu'Achille avait immolés près du bûcher de Patrocle. Ulysse profitant de sa chute le devance et lui enlève le prix. Ajax se relève tout couvert d'ordures, et très affligé de n'avoir que le prix qu'il avait cru laisser à Ulysse.

Il met la main sur la tête du taureau sauvage, et rejette de sa bouche l'ordure dont elle était couverte. Les Grecs rient de sa colère et de l'état où ils le voient. (1)

Le troisième concurrent de la course, Antiloque, ne veut que le troisième prix. Riant le premier de sa disgrâce, il dit à haute voix : « Mes amis, je ne vous dirai rien que vous ne sachiez tous mieux que moi. Les dieux se déclarent toujours pour la vieillesse. Ajax est un peu plus âgé que moi, et Ulysse a déjà vu un autre siècle; cependant il est si léger et si vigoureux que je ne conseille à aucun des Grecs d'entrer en lice avec lui; il n'y a qu'Achille qui puisse le vaincre. » (2)

Les jeux dont Achille honorait les funérailles de Patrocle étant finis, les Grecs se dispersent dans leurs tentes, et chacun ne pense qu'à repaître, et à se remettre de ses fatigues dans les bras du sommeil.

Priam vient pendant la nuit se jeter aux pieds d'Achille pour lui redemander le corps d'Hector. Achille le lui accorde avec une trève de onze jours pour célébrer les funérailles de son fils.

Le poëme de l'Iliade semblerait devoir finir là puisque la colère d'Achille est apaisée; pourquoi donc Homère décrit-il si au long les funérailles d'Hector? Pourquoi marque-t-il si exactement l'observation de la trève? Ne croirait-on pas qu'il lui reste encore une suite de grands évènemens à nous raconter? Quoi qu'il en soit, tâchons de suivre Ulysse à travers ses nouveaux combats et ses expéditions éclatantes, jusqu'à son retour dans sa patrie.

CHAPITRE XXIII.

APRÈS LA MORT ET LES FUNÉRAILLES D'ACHILLE, ULYSSE DISPUTE SES ARMES AVEC AJAX.

Les malheureux Troyens (3), après avoir rendu à Hector les honneurs funèbres, se renferment dans leur ville, dont ils n'osent franchir les murs, tant ils sont encore effrayés au seul souvenir des exploits sanglans de l'implacable Achille, et comme ils n'aperçoivent dans l'avenir que de nouveaux malheurs, ils se livrent au plus affreux désespoir; pendant qu'ils sont ainsi plongés dans la plus grande désolation, arrive des bords lointains du Thermodon, la valeureuse Penthésilée à la tête de douze amazones illustres par leur bravoure. Elle s'avance vers les murs de Priam, à qui elle vient offrir ses secours.

A la vue de la fille du dieu des combats, les peuples oublient aussitôt leur tristesse et se livrent de nouveau à l'espérance; Priam éprouve lui-même un instant de joie, et sent pour un moment se

---

(1) Ce tableau d'Ajax couvert de boue, et les acclamations des Grecs, n'ont visiblement pour objet que de ridiculiser ce héros et d'exalter son vainqueur. Si ceci n'est pas l'œuvre d'Ulysse lui-même, il faut convenir que ce doit être au moins celui d'un de ses plus zélés partisans et de ses meilleurs amis.

(2) Ce noble et généreux discours d'Antiloque l'honore autant lui-même qu'il est flatteur pour Ulysse. Si le fils de Laërte avait mis de si belles paroles dans sa bouche, on concevrait bien alors sa liaison intime et durable avec le roi de Pylos. Voyez le premier chap. de l'Odyssée.

(3) Ici commence un précieux fragment d'Homère attribué à un poëte calabrois, et qui remplit exactement la lacune entre la fin de l'Iliade et le commencement de l'Odyssée   (Note de l'Éditeur.)

calmer la douleur que lui a causée la mort de son fils; il comble l'Amazone de riches présens, et lui en promet de plus magnifiques encore, si, par son courage, elle parvient à délivrer les Troyens, ainsi qu'elle s'y engage, et à triompher du fils de Pélée.

Andromaque, plus prévoyante, est loin de partager les espérances de Priam; elle qui a vu succomber Hector sous les coups de cet invincible héros, désapprouve la démarche de cette fille guerrière, qu'elle accuse hautement de témérité et d'une aveugle présomption.

Cependant la courageuse héroïne n'en persiste pas moins dans ses projets; dès le lendemain de son arrivée dans la ville de Priam, enivrée de l'espoir de triompher du fils de Pélée, elle s'avance fièrement vers les remparts en exhortant les Troyens à la suivre dans la mêlée.

Les Troyens et les belliqueuses Amazones, ayant à leur tête cette jeune héroïne, marchent bravement vers l'armée des Grecs étonnés, qui se mettent aussitôt en défense : bientôt les deux armées se joignent avec violence; dans le premier choc, les compagnes de Penthésilée périssent avec une foule de guerriers des deux partis.

Ajax et Achille, avertis du danger qui menaçait les Grecs, courent au champ de bataille. Penthésilée les attaque tour à tour; Achille, resté seul contre elle, la tue d'un coup de lance. Dès que les Troyens voient Penthésilée vaincue, ils se retirent vers leurs murailles, accablés de la plus vive douleur. Le vainqueur lui-même, touché de la beauté de sa victime, regrette de lui avoir ôté la vie, et paraît aussi affligé de sa perte qu'il l'avait été de celle de son fidèle Patrocle. Le hideux Thersite lui reproche sa douleur, qu'il accuse de faiblesse; le fils de Pélée, qu'indignent ses outrages, lève un bras puissant, et frappe Thersite d'un coup si rude qu'il tombe mort à ses pieds; en le frappant Achille lui dit : « Tu as trop long-temps fatigué par tes injures la patience d'Ulysse. »

Diomède, qui était du même sang que Thersite, veut venger sa mort, et lève la main pour frapper Achille; mais il est arrêté par les Grecs, qui parviennent à empêcher que ces deux héros n'en viennent aux mains.

Déjà le jour s'effaçait, le soleil plongeait ses feux dans l'Océan et la nuit obscure répandait ses ombres sur la terre. Les Grecs se livrent aux douces impressions de la joie, et font hommage de leur victoire à l'invincible fils de Pélée; mais les Troyens, accablés de tristesse, se tiennent renfermés dans la ville, et veillent avec inquiétude à la garde des tours dans lesquelles ils craignent d'être forcés par l'impétueux Achille.

Le vieillard Thimète, dans l'assemblée des Troyens, invite à bien examiner s'il est prudent de résister plus long-temps, et s'il ne serait pas plus sage d'abandonner la ville prête à devenir la proie d'un ennemi aussi redoutable que le fils de Pélée.

Priam rassure le peuple en lui annonçant l'arrivée prochaine du roi Memnon à la tête d'une armée éthiopienne; Polydamas, doutant de l'efficacité des secours de Memnon, propose de rendre Hélène à Ménélas avec tous les trésors qu'elle apporta de Lacédémone, et d'autres richesses encore. « Il ne nous reste, dit-il, d'autre moyen de prévenir la ruine entière de nos fortunes et l'embrasement de la ville. » Ce discours, dicté par la sagesse, ne plut pas à Pâris, qui, en cette occasion, accabla d'injures Polydamas; mais le fils d'Anténor, indigné des paroles outrageantes de Pâris, lui imposa silence, en l'accusant hautement d'être la seule cause des malheurs de sa patrie.

Enfin Memnon paraît (1) à la tête de ses nombreux Éthiopiens, et ramène la confiance parmi les Troyens abattus.

Priam reçut en roi le noble fils de l'Aurore, et le combla de riches présens. Memnon, tout bouillant d'ardeur, se prépara au combat dès le lendemain de son arrivée.

____

(1) N'est-il pas bien remarquable de voir encore aujourd'hui les Éthiopiens venir au secours de l'Asie contre la Grèce?

Divers combats ont lieu entre les Troyens et les auxiliaires commandés par Memnon, et les Grecs commandés par Achille; Memnon, après avoir immolé nombre de guerriers fameux, entre autres Antiloque, fils de Nestor, en vint aux mains avec le redoutable Achille. Ils combattirent long-temps à forces égales; ils se blessèrent l'un et l'autre, enfin Memnon succomba sous les coups de son invincible rival.

Les Pyliens transportèrent sur leurs vaisseaux le corps sanglant du fils de Nestor, et lui érigèrent un tombeau sur les rives de l'Hellespont.

Achille, brûlant du désir de venger la mort de son cher Antiloque sur les Troyens, se prépara à de nouveaux combats : on en vint bientôt aux mains avec une nouvelle fureur.

Le fils de Pélée, à la tête des siens, massacre un nombre infini de guerriers Troyens, et les poursuit jusqu'aux remparts de leur ville, dont il voulut forcer les portes; mais au moment où il s'abandonnait sans mesure à sa fureur, il reçut au pied une blessure profonde, qui lui causa les plus vives douleurs, et finit par lui coûter la vie.

Les Troyens, animés par ce succès, firent les plus grands efforts pour rester maîtres du corps d'Achille, sur lequel ils espéraient se venger des maux qu'il leur avait causés; mais les Grecs s'y opposèrent avec un tel courage, et un acharnement si opiniâtre, qu'ils parvinrent à s'en emparer. Ajax et Ulysse, surtout, se distinguèrent dans le combat par leur valeur et leur témérité; mais Ulysse fut atteint au genou par un trait que lui lança Alcon, fils d'Areithée. Il continua néanmoins encore quelques momens à combattre.

Le corps du fils de Pélée fut déposé, par les Grecs, sous une tente auprès de leurs vaisseaux, en attendant que tout fût disposé pour lui rendre les honneurs funèbres; chacun des chefs de l'armée venait, à la vue de son corps, exprimer sa profonde douleur.

Nestor invite Agamemnon à ordonner, sans délai, les funérailles du plus grand des Alcides; ses ossemens furent recueillis dans une urne d'argent d'une prodigieuse capacité, et cette urne fut renfermée dans un grand vase d'or; le tout, enfin, fut déposé dans un tombeau qui lui fut élevé à l'extrémité des rives de l'Hellespont. (1)

Pour couronner la pompe des jeux funèbres qui furent célébrés en l'honneur d'Achille, on fit placer, au milieu des Grecs, ses armes, et son bouclier chef-d'œuvre de l'art.

Il fut décidé que ses armes seraient la récompense de celui des Grecs qui serait reconnu avoir le plus contribué à empêcher que les Troyens s'emparassent du corps d'Achille. Ajax et le fils de Laërte prétendirent l'un et l'autre à la gloire de l'action qui devait être couronnée.

Agamemnon, Nestor et Idoménée furent choisis pour arbitres; mais, d'après les avis du sage Nestor, des prisonniers choisis parmi les Troyens furent chargés de régler le sort des deux concurrens.

Les capitaines grecs s'étaient assis, et les troupes, qui étaient debout, les environnaient, lorsqu'Ajax, qui portait un bouclier couvert de sept cuirs, se leva, et ayant regardé d'un œil farouche le rivage de Sigée, où était la flotte, comme il était brusque et emporté, il s'écria en levant les mains vers le ciel :

« Grand Jupiter! c'est à la vue de nos vaisseaux que je plaide ma cause, et l'on met Ulysse en concurrence avec moi; Ulysse, qui n'osa autrefois s'approcher de ces mêmes vaisseaux, lorsque Hector, la torche à la main, venait y mettre le feu, et que moi je les sauvai de l'embrasement dont ils étaient menacés. Il faut, sans doute, qu'il soit plus sûr de discourir que de combattre; et quel avantage puis-je espérer aujourd'hui, puisque si je l'emporte sur Ulysse par la valeur et par le courage, je dois lui céder la gloire de mieux parler que moi? (2)

« Il est inutile, ô Grecs, que je vous raconte mes exploits : c'est sous vos yeux qu'ils se sont passés;

---

(1) Voyez la carte de la plaine de Troie.

(2) Il fallait que la renommée d'Ulysse comme orateur fût bien établie puisque le plus dangereux de ses rivaux lui rendait justice lui-même.

qu'Ulysse, qui n'eut d'autres témoins que la nuit et les ténèbres, vous apprenne les siens. La grâce que je vous demande, est, je vous l'avoue, d'un grand prix, mais les prétentions de mon concurrent m'enlèvent l'honneur qu'elle m'aurait fait. Quelque flatteuse, quelque considérable que soit une récompense, il n'est plus glorieux de l'obtenir dès qu'Ulysse a osé y aspirer. Il a déjà remporté tout l'avantage de cette dispute, puisque vaincu, il pourra encore se vanter d'être entré en concurrence avec moi. Si ma valeur était moins connue, je pourrais me prévaloir de la noblesse de mon extraction. Fils de Télamon, qui, avec Hercule, saccagea la ville de Troie, et qui accompagna Jason à la conquête de la toison d'or, j'ai pour aïeul le juste Éaque, qui juge les ombres dans le séjour où *Sisyphe* est condamné à rouler éternellement une grosse roche. Éaque reconnaissait Jupiter pour son père; ainsi je me vois le troisième descendant de ce dieu. Je renoncerais cependant à cet avantage, si je ne le partageais avec Achille; il était mon cousin germain; c'est à ce titre que je demande ses armes. Qu'a de commun avec ce héros un homme de la race de *Sisyphe*, fourbe et voleur comme lui? Veut-on me refuser des armes qui m'appartiennent, parce que je fus le premier qui m'armai pour la querelle des Grecs, et que je n'attendis pas qu'on *m'y forçât?* Me préférera-t-on un homme qui n'est venu à cette guerre que le dernier de tous, et qui, contrefaisant l'insensé, demeura honteusement dans sa maison, jusqu'à ce que Palamède, plus rusé que lui, mais malheureusement moins sensible à ses propres intérêts, découvrît son lâche stratagème, et l'obligeât de partir malgré lui? Est-il juste qu'un homme qui refusait de prendre les armes, obtienne aujourd'hui les plus belles et les meilleures de toute l'armée, et que moi, qui, ayant droit d'y prétendre, et qui me suis exposé le premier au danger, je m'en voie honteusement privé? Plût au ciel qu'Ulysse eût été véritablement insensé, ou qu'on l'eût cru tel, que ce fourbe, qui ne sait conseiller que des crimes, ne fût jamais venu sur les rivages de Phrygie! malheureux fils de Péan, vous ne seriez pas aujourd'hui, par *notre* faute, exposé dans l'île de Lemnos; c'est là, qu'obligé de vous cacher dans les antres les plus sauvages, vous attendrissez les rochers mêmes par vos larmes et par vos gémissemens, et que vous priez sans cesse les dieux de punir le perfide qui nous conseilla de vous abandonner : vos vœux, s'il est des dieux dans le ciel, seront exaucés. Hélas! ce grand homme, cet illustre capitaine, qui s'était lié avec nous par un serment solennel, le seul héritier des flèches d'Hercule, maintenant dévoré par la faim, livré aux plus vives douleurs, est obligé de se servir, contre des oiseaux, de ces flèches auxquelles était attachée la destinée de Troie, sans d'autre nourriture que ces mêmes oiseaux, ni d'autre vêtement que leurs plumes. Cependant, tout malheureux qu'il est, Philoctète respire encore, parce qu'il n'a pas accompagné Ulysse. Si Palamède avait été abandonné comme lui, il vivrait encore, ou du moins il serait mort exempt du soupçon qui le fit périr. Ulysse, pour se venger de ce que ce capitaine avait découvert que sa folie était une feinte, l'accusa d'être d'intelligence avec l'ennemi; et ayant fait trouver dans sa tente l'argent qu'il y avait caché lui-même, il sut le convaincre d'un crime dont il était l'auteur. C'est ainsi qu'Ulysse, ou par l'exil, ou par la mort de nos chefs, sut affaiblir notre armée : ce sont là ses victoires; voilà le seul endroit par où il s'est rendu redoutable. Quand il serait plus éloquent que Nestor, pourrait-il se justifier d'avoir abandonné ce sage vieillard, lorsqu'il implorait son secours? Diomède est témoin que ce n'est point un crime que je lui suppose; il l'appela plusieurs fois lui-même, et quoique son ami, il ne put s'empêcher de lui reprocher une fuite si honteuse. Les dieux sont les juges de nos actions, et ils sont des juges équitables. Ulysse tombe bientôt dans le même cas que Nestor, et il a besoin de secours comme lui. On pouvait sans injustice l'abandonner, comme il avait abandonné ce capitaine; il avait lui-même dicté la loi. Cependant je l'entends appeler ses compagnons; je vole à son secours; je le trouve pâle, tremblant, étendu par terre, effrayé de la mort qui était présente à ses yeux, je le couvre de mon bouclier, et je lui sauve la vie. Je ne prétends point en tirer vanité, il n'y a point de gloire à sauver un lâche; mais si après ce service tu veux encore me disputer les armes que je demande, viens, Ulysse, dans l'endroit où je te rencontrai; viens-y avec tes blessures, avec cette frayeur qui ne t'abandonna jamais; que l'ennemi soit présent, cache-toi sous mon bouclier, et là, fais valoir tes prétentions. D'abord il m'avait paru fort affaibli par les blessures : je le dégage, il trouve des forces pour fuir. Cependant Hector paraît, et amène avec lui les dieux au combat : la terreur vole devant lui, et il répand tant d'épouvante partout où il passe, que non seulement Ulysse, mais même nos plus braves guerriers en sont effrayés. Je m'oppose à ce fier ennemi, et dans le temps qu'il paraissait le plus animé par le carnage, je le renversai par terre d'un coup de pierre. Vous vous ressouvenez, ô Grecs, que lorsque ce héros vint nous présenter un combat singulier, j'acceptai le défi; vous souhaitiez tous que le sort tombât sur moi, et vos vœux furent exaucés. Faut-il vous apprendre le sujet de ce combat? Je ne fus point vaincu lorsque les Troyens, soutenus par Jupiter lui-même, vinrent porter dans nos vaisseaux le fer et le feu. Où était alors l'*éloquent* Ulysse? Seul je sauvai la flotte; j'assurai votre retour; pourriez-vous me refuser ces armes que je demande pour les mille vaisseaux que j'empêchai d'être brûlés? Faut-il parler sans feinte? Il est moins question ici de ma gloire que de celle des armes elles-mêmes; du moins la gloire est égale, puisque c'est moins des armes qu'on donne à Ajax, qu'Ajax qu'on leur donne pour les porter. Qu'Ulysse vienne maintenant comparer ses actions avec les miennes. Qu'il fasse valoir la défaite de Rhésus, et celle du lâche Dolon; qu'il se vante d'avoir enlevé le Palladium et Hélénus avec lui; il n'a rien fait de jour, et rien jamais sans le secours de Diomède. Si cependant vous voulez récompenser des actions si peu importantes, vous devez partager les armes qui font le sujet de notre dispute, et Diomède doit en avoir la meilleure part : mais pourquoi les donner à Ulysse, lui qui n'a jamais fait aucune entreprise, que désarmé, que la nuit, et qui n'a jamais su attaquer l'ennemi que par surprise? L'éclat dont brille le casque d'Achille le trahirait, et découvrirait ses embûches; il ne pourrait pas même en soutenir le poids; des bras aussi faibles que les siens seraient accablés de la pesanteur de sa lance; et comment sa main, qui n'est propre qu'aux larcins, porterait-elle ce vaste bouclier, sur lequel est gravé le monde entier? Insensé! quel est ton dessein en demandant des armes qui ne serviraient qu'à t'affaiblir? Que si les Grecs sont assez peu équitables pour te les accorder, ce présent excitera moins de terreur chez l'ennemi, que d'envie de t'en dépouiller. Souviens-toi, lâche, que c'est à fuir que tu excelles, et qu'un fardeau si pesant ne servirait qu'à t'embarrasser. D'ailleurs, quel besoin as-tu d'un bouclier? Le tien, qui a vu si peu de combats, est encore entier; le mien, criblé de coups, m'oblige à en chercher un autre. Mais finissons de vains discours; que nos actions décident cette querelle, qu'on porte les armes d'Achille au milieu des ennemis; ordonnez qu'on aille les enlever, et qu'elles soient la récompense de celui qui les aura rapportées. » Tel fut le discours d'Ajax, dont les dernières paroles furent suivies d'un applaudissement qui fit croire que le soldat lui serait favorable. Ulysse se leva ensuite, et après avoir tenu quelque temps *les yeux baissés contre terre*, il regarda les chefs de l'armée, qui étaient dans l'impatience de l'entendre, et leur fit ce discours avec autant de grâce que d'éloquence :

« Si mes vœux et les vôtres, ô Grecs, avaient été exaucés, ces armes ne causeraient aucun démêlé parmi nous. Vous les posséderiez, généreux Achille, et nous vous posséderions encore; mais, ajouta-t-il en essuyant ses larmes, puisqu'une fatale destinée nous a ravi ce héros, est-il quelqu'un qui ait plus de droit sur les armes d'Achille que celui qui fit venir Achille à la guerre, pourvu toutefois que la stupidité de mon concurrent ne soit point un titre pour lui, et *que mon éloquence, qui vous a été si souvent utile,* ne devienne point un motif d'exclusion pour moi? Vous ne devez pas trouver mauvais que cette même *éloquence* que j'ai si souvent employée pour vos intérêts, je l'emploie aujourd'hui pour les miens; il n'est pas défendu de se servir de ses avantages, je dis des avantages qui nous sont propres; car pour ce qui regarde la naissance, les aïeux, en un mot, tout ce que nous n'avons point fait nous-mêmes; ce n'est point là un bien qui nous appartienne. Cependant, puisque Ajax s'est prévalu de ce qu'il descendait de Jupiter, je puis me vanter d'en tirer aussi mon origine, et d'être avec ce dieu au même degré que lui. Laërte, mon père, doit la naissance à Arcésius; Arcésius reçut le jour de Jupiter; et on ne trouve point dans ma famille ni de criminels ni de bannis. Ma mère, qui descend de Mercure, augmente encore la noblesse de mon extraction, puisque des deux côtés je compte des dieux parmi mes ancêtres. Ce n'est point cependant, ni parce que ma naissance est plus illustre que celle d'Ajax par ma mère, ni parce que mon père ne fut jamais coupable du meurtre de son frère, que je demande les armes d'Achille, c'est sur le mérite que vous devez décider; pourvu cependant que vous n'en fassiez pas un à Ajax de ce Télamon qui était frère de Pélée. Ce n'est point ici une affaire de succession. Les armes d'Achille doivent être la récompense de la valeur; et si l'on veut avoir égard à la proximité du sang et aux héritiers naturels, son père est encore vivant, et Pyrrhus est son fils; quel droit reste-t-il à Ajax? Il faut les envoyer à Phthie ou dans l'île de Scyros. Teucer, quoique aussi proche parent d'Achille qu'Ajax, les demande-t-il? Espère-t-il sur ce titre de les remporter? Non, encore un coup, la valeur seule a droit d'y prétendre. Puisqu'il ne s'agit donc ici que des services qu'on a rendus, je vais vous faire l'histoire des miens; et comme ils ne sont pas présens à ma mémoire, j'espère que l'ordre des temps m'en rappellera le souvenir.

« Toute la Grèce avait pris part à l'affront de Ménélas; pour le venger, on avait assemblé en Aulide mille vaisseaux, mais le calme et les vents contraires les retenaient dans le port. L'oracle consulté répond que, pour avoir un vent favorable, Agamemnon doit apaiser Diane en lui immolant Iphigénie, sa fille. Ce prince refuse d'obéir à un ordre si barbare. Il accuse les dieux de cruauté, et les sentimens du père l'emportent sur ceux du roi. Pour le faire changer de résolution, je m'y pris avec tant d'adresse, que je le portai enfin à faire céder au bien public la tendresse paternelle. L'affaire, je dois l'avouer aujour-d'hui, était délicate, et je prie Agamemnon d'oublier ce que je fus obligé de faire pour vaincre sa résistance. Enfin le bien des peuples, l'honneur de son frère, le commandement d'une puissante armée et sa propre gloire, le firent consentir à un sacrifice si inhumain. On me députe vers Clytemnestre son épouse. Il n'était point question de la fléchir ni de la persuader; il était nécessaire de la tromper, et il fallait beaucoup d'adresse pour y réussir. Si Ajax eût été chargé de cette commission, nos vaisseaux seraient encore en Aulide; et nous attendrions vainement un vent favorable.

« On m'envoie à Troie : j'entre hardiment dans cette ville : je parais à la cour de Priam, remplie alors de grands capitaines : j'exécute avec intrépidité les ordres dont j'étais chargé : je parle pour l'intérêt de la Grèce : j'accuse Pâris d'avoir ravi Hélène, et je la redemande. Priam et Antenor, que mes raisons avaient persuadés, consentent à la renvoyer; mais Pâris, ses frères, et ceux qui l'avaient servi dans cet enlèvement, s'y opposent, et s'emportent au point de vouloir nous maltraiter. Vous le savez, Ménélas, et c'est là le premier danger que nous avons couru ensemble. Je ne finirais point si je voulais parler de tous les services que j'ai rendus pendant cette guerre, ou par mes exploits ou par mes conseils. Après les premiers combats, les ennemis se tinrent long-temps enfermés dans leurs murailles; nous n'avons recommencé à combattre en pleine campagne qu'à la dixième année du siége. Que faisiez-vous, Ajax, pendant tout ce temps-là, vous qui ne savez que vous battre? De quelle utilité étiez-vous? Pour moi, j'ob-servais l'ennemi; je lui dressais des embûches; je travaillais à fortifier notre camp, à fournir des vivres et des munitions. Occupé à encourager le soldat, je l'exhortais à supporter avec patience les incommo-dités d'un long siége. Enfin on m'envoyait partout où m'appelaient les besoins de l'armée (1). Dans ces entrefaites, Agamemnon, trompé par un vain songe, qu'il crut lui avoir été envoyé par Jupiter, ordonne qu'on lève le siége. Son erreur le justifie; mais Ajax s'opposa-t-il à ce dessein? S'obstina-t-il à vouloir prendre Troie? Donna-t-il, dans cette occasion, quelque marque de valeur? C'est pourtant la seule chose qu'on puisse attendre de lui. Pourquoi ne prit-il pas les armes pour arrêter les soldats qui aban-donnaient l'armée? Pourquoi ne mit-il point d'obstacle à leur départ? Pourquoi ne leur donna-t-il point un exemple qu'ils pussent suivre? Était-ce trop pour un homme qui ne parle que de ses exploits? Au contraire, il prit la fuite avec les autres; j'en fus témoin, et je rougis, Ajax, lorsque je vous vis disposé à un départ si honteux. Compagnons, m'écriai-je, que faites-vous? Quelle folie d'abandonner ainsi la ville de Troie, dans le temps qu'elle est sur le point de vous ouvrir ses portes? Faut-il, au bout

____

(1) Voilà les services d'un habile guerrier.

de dix ans, ne remporter en Grèce que la honte d'avoir vu échoir votre entreprise? Par ce discours, ou par quelque autre semblable (car la douleur me rendait éloquent dans cette occasion), j'arrêtai la flotte prête à partir. Lorsque ensuite, Agamemnon assembla le conseil, où tout le monde était encore en alarmes, Ajax y garda le silence pendant que Thersite lui-même, que je punis sur-le-champ de son insolence, avait osé insulter nos chefs sur ce qui venait de se passer. Je pris ensuite la parole, j'animai le soldat abattu; et je fis tant, par mes discours, qu'il retrouva enfin le courage que la crainte lui avait ôté. J'empêchai Ajax de fuir; tout ce qu'il a fait depuis de grand et de glorieux m'appartient. Je ne vois pas, d'ailleurs, que personne s'empresse à lui donner des louanges : on ne cherche point à l'avoir pour compagnon de ses actions; au lieu que Diomède me communique tous ses projets, se sert de mes conseils, et m'associe à toutes ses entreprises. Il est glorieux, sans doute, d'être seul choisi par Diomède, parmi tant de braves et de vaillans hommes. Ce n'était pas le sort qui nous contraignait de marcher, lorsque, sans craindre ni les ténèbres ni l'ennemi, nous rencontrâmes Dolon qui venait nous épier, comme de notre côté nous allions épier les Troyens. Diomède lui ôta la vie; mais ce ne fut qu'après l'avoir forcé de nous révéler tous les projets de l'ennemi. Informé de leurs desseins les plus cachés, il ne nous restait plus rien à faire, et je pouvais retourner à l'armée avec honneur. Cependant nous avançâmes encore jusqu'au quartier de Rhésus, et après l'avoir tué, lui et tous ses compagnons, nous montâmes sur son char, et nous entrâmes triomphans dans notre camp. Refusez-moi maintenant les armes d'Achille, dont les chevaux devaient être la récompense de Dolon, si son dessein eût réussi, et donnez-les à Ajax. Faut-il encore vous rappeler la victoire que je remportai sur Sarpedon et sur les Lyciens qui le suivaient? Vous parlerai-je de Céramon, d'Hippaside, d'Alastor, de Chromis, d'Alexandre, d'Halius, de Noëmon, de Prytanys, de Chersidamas, de Thoon, de Charops, d'Ennomon et de tant d'autres moins connus que ceux que je viens de nommer, et que mon bras a fait périr sous les murailles de Troie? Je pourrais ajouter que j'ai plusieurs blessures qui sont des marques honorables de ma valeur. Ne m'en croyez pas sur ma parole, ajouta-t-il, en se découvrant l'estomac; les voilà ces plaies que j'ai reçues en combattant pour l'honneur de la patrie. Ajax, depuis tant d'années que dure la guerre, n'a pas encore perdu une goutte de son sang; il n'a pas une seule blessure sur tout son corps. Il est vrai, et je ne suis pas assez injuste pour lui refuser la gloire qu'il mérite, qu'il s'opposa vigoureusement aux Troyens et à Jupiter lui-même, dans le temps qu'ils venaient mettre le feu à nos vaisseaux; mais il ne doit pas prétendre seul à un honneur que vous devez partager avec lui : Patrocle, revêtu des armes d'Achille, repoussa, dans cette occasion, les Troyens et Hector, et empêcha nos vaisseaux d'être brûlés. Ajax se vante encore d'être le seul qui ait accepté le combat singulier que le même Hector était venu présenter aux Grecs; mais il ne veut pas, apparemment, se ressouvenir qu'Agamemnon, quelques uns de nos capitaines, et moi, nous acceptâmes aussi ce défi. Il ne fut que le neuvième de ceux qui se présentèrent, et ce fut le sort qui décida en sa faveur. Après tout, quel fut le sort de ce grand combat, vaillant et brave Ajax? Hector se retira sans être blessé.

« C'est avec une extrême douleur que je me trouve obligé de rappeler le souvenir de ce triste moment où nous perdîmes Achille, le rempart de toute la Grèce. Hélas! mes larmes, ni l'affliction dont j'étais accablé, ni la crainte, ne m'empêchèrent pas d'enlever son corps, et de l'emporter sur mes épaules; oui, ces mêmes épaules portèrent le corps et les armes de ce jeune héros, et ce sont ces mêmes armes que j'ai tant de peine à obtenir aujourd'hui. J'ai donc, comme vous voyez, assez de force pour en soutenir le poids, et je ne manquerai jamais de reconnaissance si vous me les accordez. Thétis n'aura donc fait fabriquer par un dieu, et avec tant d'art, des armes pour son fils, que pour en revêtir un soldat également grossier et ignorant! Ajax ne connaîtrait point le prix de ce magnifique bouclier sur lequel on voit l'Océan, la terre, le ciel avec tous ses astres, les Pléiades, les Hyades, la constellation de l'Ourse, l'épée d'Orion, et un grand nombre de villes. Tout cela est au-dessus de ses connaissances. Il demande des armes qui seraient une énigme pour lui. Quoi! il me reproche que pour me dérober aux dangers et aux travaux de la guerre, je n'ai pris les armes que des derniers; il est vrai qu'une épouse aimable et un fils chéri me retenaient fortement à Ithaque, je ne pus leur refuser quelques jours; le reste a été employé au service de la patrie.

« Vous ne devez point être étonnés, ô Grecs, des injures grossières qu'il vient de me dire; il ne vous a pas épargnés plus que moi; car enfin, si je suis coupable d'avoir supposé un crime à Palamède, vous sera-t-il glorieux de l'avoir condamné? Mais ce crime vous parut si énorme, il fut si bien prouvé, que Palamède ne put jamais s'en justifier. Ce ne fut point sur une simple accusation que vous le jugeâtes; vos yeux furent témoins de sa trahison, et l'or trouvé dans sa tente la prouva mieux que tout ce qu'on aurait pu vous dire contre lui. Je ne crois pas, au reste, que l'on puisse me faire un crime personnel de ce que Philoctète fut abandonné dans l'île de Lemnos. C'est à vous, capitaines grecs, à vous en justifier, puisque vous avez consenti qu'on l'y laissât. Je ne me défends pas d'avoir été le premier à vous le conseiller, pour ne pas l'exposer d'abord aux fatigues d'un voyage incommode, et aux travaux d'une longue guerre, et pour voir si le repos n'adoucirait point les cruelles douleurs que lui causait sa blessure : il consentit lui-même à demeurer, et il respire encore. Mon avis était donc, non seulement un conseil sage et prudent, ce qui suffirait pour me disculper, mais ce qui vaut mieux encore, il a été suivi d'un heureux succès. Maintenant que le destin a prononcé que Troie ne saurait être renversée sans la présence de ce capitaine, ne me chargez point de la commission de l'aller chercher, donnez-la à Ajax; il saura, avec cette éloquence douce et insinuante qu'il possède si bien, calmer un homme aigri par la colère et par les douleurs; ou du moins, fin et rusé comme il est, il trouvera quelque expédient ingénieux pour le ramener. Parlons sans déguisement; vous verrez le Simoïs remonter à sa source, les arbres du mont Ida se dépouiller de toutes leurs feuilles, la Grèce donnera du secours à Troie, plutôt que de voir que les conseils du violent Ajax vous soient utiles, si une fois je cesse de vous donner les miens. Non, fier et terrible Philoctète, quelque offensé que vous soyez contre toute l'armée, contre le roi qui nous commande, contre moi en particulier; quoique je vous sois en horreur, et que vous fassiez sans cesse des vœux contre moi, que vous souhaitiez dans l'excès de votre colère que je tombe quelque jour entre vos mains, et que ma vie dépende de vous comme la vôtre dépendit de moi, pour pouvoir assouvir dans mon sang la haine que vous me portez; tout cela n'empêchera pas que je n'aille vous chercher, que je ne vous force à me suivre; et si le ciel favorise mon entreprise, je serai aussi utile à la Grèce en lui procurant les flèches d'Hercule, dont vous êtes le dépositaire, que je le fus lorsque j'enlevai, au milieu des ennemis, la statue sacrée de Minerve, que j'emmenai Hélénus captif, et que j'appris par lui les secrets les plus cachés des Troyens, et tout ce que les dieux lui avaient révélé sur leur destinée. Qu'Ajax vienne maintenant se comparer à moi : car enfin, Troie était imprenable si je n'avais exécuté ce que je viens de raconter. Où était ce redoutable guerrier, lorsqu'il fallut venir à bout de ces entreprises? A quoi y ont servi ces promesses aussi vaines que magnifiques dont il nous étourdit sans cesse? Pourquoi un homme aussi intrépide que lui marque-t-il tant de frayeur, lorsque Ulysse, au milieu des ténèbres de la nuit, ose passer à travers les sentinelles, entrer dans la ville de Troie, pénétrer jusques dans la citadelle, arracher Minerve de son temple, et l'emporter malgré les ennemis armés qui l'environnaient? Si je n'eusse exécuté cette entreprise, le fils de Télamon porterait en vain un bouclier couvert de sept cuirs. Ce fut dans cette nuit que je devins le vainqueur de Troie : cette ville fut prise dès qu'elle ne fut plus imprenable. Cessez donc, Ajax, de marquer par vos gestes et par je ne sais quel murmure, de vouloir nous faire entendre que Diomède eut la plus grande part à cette action; je ne lui refuse point la gloire qui lui appartient; mais dites-moi, lorsque vous empêchâtes que les Troyens ne vinssent brûler notre flotte, étiez-vous seul? Vous aviez avec vous une troupe d'hommes choisis; moi, je n'avais pour compagnon que le seul Diomède. Si ce grand capitaine n'était persuadé que la sagesse doit l'emporter sur la valeur, et qu'être invincible n'est pas un titre pour mériter les armes d'Achille, il aurait pu les demander. Ajax, fils d'Oïlée, plus sage et plus modéré que vous, le brave Eurypile, le généreux fils d'Andremon, Idoménée, Mérion et Ménélas, auraient aussi droit d'y prétendre. Quoique aucun d'eux ne vous cède du côté de la valeur, ils ont cru néanmoins que leurs belles actions doivent céder à la sagesse de mes conseils. Votre bras, je l'avoue, est redoutable dans les combats, mais la fougue de votre génie a besoin de la sage retenue du mien. Vous avez en partage la force et le courage, mais vous manquez de cette prévoyance dont je puis me glorifier. Vous êtes bon pour un jour de bataille, mais Agamemnon me consulte dans les momens où il faut la donner. Enfin, vous agissez du corps, et moi de l'esprit; et autant le pilote doit l'emporter sur celui qui rame, le général sur le soldat, autant je dois l'emporter sur vous. Avec cela, j'ai le bras aussi bon que la tête, et vous devez savoir que ces deux parties sont essentielles pour faire un capitaine.

« Enfin, ô Ajax, je n'ai plus qu'un mot à dire pour me justifier du reproche le plus pénible de tous ceux dont vous affligez mon cœur, celui d'avoir lâchement abandonné mon vieux ami Nestor, au moment où sa vie était menacée. Vous oubliez sans doute qu'à ce moment funeste, Jupiter, armé de ses foudres, avait jeté la terreur dans notre armée; vous oubliez qu'Agamemnon, Idoménée et les deux Ajax eux-mêmes, quoique favoris du dieu Mars, couraient à toute bride après les fuyards, sans doute pour tâcher de les rallier. Je suivis leur exemple, car il s'agissait d'empêcher l'ennemi de pénétrer pêle-mêle avec nos troupes dans nos retranchemens : il s'agissait de sauver nos vaisseaux de l'incendie. Le salut de l'armée parlait alors plus haut à notre oreille que la voix de Diomède et celle de Nestor. »

Après avoir terminé cette violente apostrophe contre Ajax, Ulysse, tournant ses regards vers ses juges : « Généreux princes, leur dit-il, vous donnerez donc ces armes à un homme qui ne cessa jamais de veiller au salut de l'armée, et qu'elles deviennent la récompense des soins et des fatigues que je me suis donnés pendant une si longue guerre. Nous voilà heureusement arrivés à la fin de nos travaux. Le charme est rompu; j'ai pris la ville de Troie en levant les obstacles qui l'empêchaient d'être prise, je vous conjure donc par l'espérance que nous avons de nous en rendre bientôt les maîtres, par ces murs qui vont tomber à vos pieds, par les dieux tutélaires que j'ai enlevés à vos ennemis, de m'accorder une demande si juste; je vous en conjure par ce qui reste encore à faire où l'on ait besoin de sagesse et de courage; s'il faut quelque action hardie, une entreprise d'éclat, si toutes les destinées de Troie ne sont point encore accomplies, souvenez-vous que j'ai toujours le même zèle et la même ardeur pour votre service; que si, malgré tout ce que je viens de vous dire, vous me refusez les armes que je demande, donnez-les du moins à Minerve », ajouta-t-il, en leur montrant la statue de la déesse.

Ce discours et ce spectacle émurent les chefs de l'armée; on reconnut, dans cette occasion, le pouvoir de l'éloquence, et les armes du plus vaillant de tous les hommes devinrent la récompense du *plus éloquent*. Le brave Ajax, qui seul s'était opposé à Hector, qui avait bravé tant de fois le fer, le feu, et Jupiter lui-même, ne put être le maître de sa colère. Jusque-là toujours invincible, la douleur seule sut le vaincre.

« Ce fer, dit-il en prenant son épée, est du moins à moi; Ulysse viendra-t-il me l'arracher? Non, sans doute; et c'est contre moi qu'il faut l'employer maintenant : toujours teint du sang des Phrygiens, aujourd'hui il le sera de celui de son maître; Ajax du moins ne sera point vaincu par d'autre que par Ajax lui-même. » Après ce peu de paroles, il se plongea son épée dans le cœur.

CHAPITRE XXIV.

ULYSSE SE CHARGE AVEC DIOMÈDE D'ALLER CHERCHER LE FILS D'ACHILLE A SCYROS.

CALCHAS, inspiré par les dieux, assure que la présence de Néoptolème, amené de Scyros, décidera la victoire des Grecs. Ulysse se charge avec Diomède d'aller chercher ce héros.

Leur vaisseau avait abordé l'île de Scyros, et ils trouvèrent le fils d'Achille occupé à manier une lance, à décocher des flèches et à dompter des coursiers fougueux. Ils virent avec une joie mêlée d'admiration qu'il dissipait par les exercices de la guerre les regrets que lui causait la mort encore récente d'un père chéri. Plus ils s'approchent de lui, et plus ils sont frappés de sa ressemblance parfaite avec le grand Achille.

Le jeune héros se hâte de les prévenir, et s'avançant vers eux : « Je vous salue, ô étrangers ; leur dit-il, soyez bien venus dans mon palais : dites-moi d'où vous venez ; qui vous êtes ; quel besoin vous a fait franchir les mers, et vous a conduits sur ces rives. — Nous sommes, répondit Ulysse, les amis et les compagnons du courageux Achille. Nous te voyons enfin, ô toi, le fruit heureux de ses amours avec Déidamie : ta taille est la sienne ; ta démarche est la même ; tes traits nous rappellent son image ; comme lui tu ressembles aux immortels. Ithaque est ma patrie ; Diomède, qui m'accompagne, vit le jour dans le territoire d'Argos. Sans doute les bouches de la renommée ont publié jusque dans ces lieux son nom et le mien. Je suis Ulysse. Des oracles sûrs et respectés me commandent de venir ici réclamer le secours de ton bras : sois touché de nos maux ; viens réparer nos pertes ; ta seule présence doit terminer avec gloire une guerre que des flots de sang n'ont pu encore éteindre. Tous les peuples de la Grèce t'offriront des présens ; tu paraîtras avec les armes de ton illustre père. Supérieures à toutes les autres par leur beauté, elles ne peuvent être comparées qu'à celles du dieu des combats : l'or y brille de toutes parts, et cet ouvrage, sorti des mains de Vulcain, a mérité les louanges de tous les immortels. Le bouclier représente lui seul tous les prodiges de la terre, de la mer et des cieux ; l'art y a fait revivre tous les animaux avec leurs traits et leurs mouvemens. Jamais si belle armure n'aurait été au pouvoir d'un mortel : oui, ton père, que nous regardions comme issu du sang des dieux, Achille seul fut digne de la porter. Mon amitié pour lui s'étendit au-delà même du trépas : je vainquis une foule de Troyens qui me disputaient son corps ; j'emportai dans ma tente ses riches dépouilles, et Thétis elle-même me les accorda pour prix de ma valeur : dès aujourd'hui je te les abandonne ; elles seront à toi dès que tu auras abordé les rivages de Phrygie. Enfin, après la prise de Troie et notre retour dans la Grèce, Ménélas, pour te combler de ses bienfaits, unira tes destinées à celles de sa fille. Alors la fortune et ses trésors couronneront ton choix. »

« J'obéis, dit alors Pyrrhus aux envoyés, l'ordre du ciel est que je vole au secours de notre armée. Demain je veux traverser avec vous les flots qui m'en séparent. Venez en ce moment dans mon palais partager avec moi les plaisirs de la table et de l'hospitalité. Je remets à la volonté des habitans du ciel le soin d'assortir les nœuds de mon futur hyménée. »

À ces mots, il marche devant eux ; ils le suivent avec empressement, et entrent avec lui dans une salle vaste et magnifiquement ornée. C'était là que Déidamie, regrettant la perte de son époux, consumait ses plus beaux jours dans des pleurs intarissables : ainsi la neige, sur les montagnes, se fond aux rayons du soleil, ou par le souffle d'un vent chaud et humide. Ils la saluent avec des paroles pleines de respect, et son fils s'approche pour lui annoncer le nom et la patrie de ses nouveaux hôtes; mais il tint secret jusqu'au lendemain le motif de leur arrivée; il craignait que cette mère tendre n'en fût accablée de douleur, et n'employât pour le retenir les prières et les larmes.

Vers le déclin du jour, et après le festin, les deux convives se retirèrent pour goûter les douceurs du repos dans le silence de la nuit. Les habitans de l'île de Scyros, battue de tous côtés par les vagues bruyantes de la mer Égée, dormaient assoupis par les vapeurs d'un paisible sommeil. Déidamie seule, repoussant les bienfaits de Morphée, se livrait aux plus mortelles inquiétudes. Ulysse avait autrefois entraîné son époux à cette guerre funeste où l'attendait la parque meurtrière; ce nom odieux lui rappelait l'objet éternel de ses regrets et de l'affliction de Pélée; elle tremblait d'avance pour la mort d'un fils trop avide de la gloire des combats.

Dès que le char étincelant de l'immortelle Aurore eut reparu dans les cieux, Pyrrhus, Ulysse et le fils de Tydée sortirent brusquement du lieu où ils avaient pris le repos de la nuit. A cette précipitation, Déidamie ne doute plus de son malheur; aussitôt de sa poitrine, enflée par de longs soupirs, s'échappe un cri fort et pénétrant. Tel, au printemps, un taureau indompté appelle sa génisse par des mugissemens répétés, qui se répandent dans les forêts et les montagnes voisines; telle l'infortunée Déidamie frappe de ses accens douloureux et les murailles et les voûtes de son palais.

« O Néoptolème! ô mon fils! s'écrie-t-elle, quoi! tu suivras ces étrangers sur des rivages tout fumans du sang de nos héros les plus fameux? Jeune encore, et peu exercé dans les travaux périlleux de Bellone, tu t'éloignes d'une mère qui te chérit, et que va bientôt accabler la triste nouvelle de ta mort. Non, je ne te reverrai plus en ces lieux. Ton père, sorti des flancs de Thétis; ton père, le plus puissant des guerriers, a péri sur les bords phrygiens, et par les conseils perfides de ceux qui veulent aujourd'hui t'enlever à ma tendresse. Arrête, ô mon fils! crains de me livrer, en mourant, aux horreurs d'une éternelle solitude. Quand la mort a moissonné l'époux et les gages vivans de son amour, des ravisseurs inhumains ne manquent jamais de piller et disperser l'héritage; est-il un plus déplorable sort que celui d'une veuve isolée, sans ressource et sans appui? »

A ces mots, qu'elle interrompit par des gémissemens profonds, le fils attendri, répondit d'un ton à la fois ferme et respectueux : « Rassurez-vous, mère trop sensible, bannissez ces noirs pressentimens d'un fâcheux avenir; nul homme ne périt sans l'ordre du destin, et *si je dois être frappé des coups du sort, que ce soit en défendant la cause des Achéens;* j'illustrerai le nom et la gloire des Éacides, et je vengerai le noble sang d'où je suis sorti. »

Il dit, et pendant qu'il cherche à s'éloigner, le vieux roi Lycomède lui adresse ce discours : « Digne fils d'un père courageux, j'admire ta force, et je loue ta bravoure; mais je crains pour toi les fureurs de Mars, et plus encore l'inconstance des flots. Les navigateurs ont toujours à leurs côtés la mort menaçante. Je tremble, ô mon fils, que tu ne quittes ces rivages dans le temps que le soleil passe du Sagittaire au signe orageux du Capricorne, ou lorsqu'il partage également avec Phébé le jour et les ténèbres. Redoute aussi l'instant, souvent fatal, où l'approche d'Orion précipite les Pléiades dans les eaux du noir océan. Le lever ou le déclin de certains astres peut encore creuser sous tes pas mille abîmes; vois quelles seront tes peines et nos inquiétudes. »

En achevant ces mots, il l'embrasse et ne s'oppose plus à son dessein. Le jeune héros sourit, et, d'un air satisfait, avance vers le navire; mais les prières d'une mère éplorée suspendent encore son départ. Tel un coursier fougueux qu'on a peine à retenir, ronge le mors blanchi des flocons écumeux qui tombent de sa bouche, et qui mouillent sa poitrine; ses pieds impatiens frappent la terre et lancent avec bruit le sable et les cailloux; ses crins hérissés flottent épars sur son cou; il lève en hennissant une tête superbe, dont la fierté rebelle plaît au maître qui le contraint d'obéir. Tel l'impétueux fils d'Achille veut se dérober aux tendres efforts d'une mère, à qui son intrépidité le rend encore plus cher. Elle le presse sur son sein agité; mille fois, il reçoit ses adieux. Enfin il se sépare d'elle, et la laisse en proie aux regrets les plus amers; ainsi l'hirondelle plaintive, dont un serpent cruel a dévoré les tendres petits, vole en gémissant autour des murs et des portiques où elle avait construit son nid, et appelle, par des cris inutiles, les fruits malheureux de ses innocentes amours; ainsi cette mère désespérée se renverse tantôt sur le lit où avait reposé son fils, tantôt, à la vue des appartemens qu'il avait habités, elle renouvelle les accens de sa douleur; ou, si elle trouve un des javelots qui avaient exercé les mains novices de Néoptolème, et d'autres instrumens plus légers qui charmèrent les loisirs de sa première enfance, elle les saisit, les serre dans ses bras, les couvre de baisers, les arrose de ses larmes et redouble ses sanglots.

Le jeune héros, sourd à ces plaintes, avançait vers le port d'un pas précipité. Auprès de lui étaient Ulysse et Diomède; vingt esclaves, choisis par Déidamie, et chargés par elle d'exécuter les ordres de son fils, traversent la ville avec lui. Brillant comme un astre au milieu de ceux qui l'accompagnaient, il marche d'un air triomphant; sa présence réjouit Thétis et les autres filles de Nérée. Le dieu des mers voit avec transport s'approcher des vastes plaines de son empire, un guerrier à peine à la fleur de l'âge, voler, dans des régions éloignées, aux combats et à la victoire.

Tel paraît le redoutable Mars, prêt à fondre sur des ennemis qu'il menace de sa fureur; lorsqu'un cercle tout rayonnant de lumière repose sur sa tête, lorsque le feu étincelle dans ses yeux, et que la majesté, qui relève l'éclat de son visage, inspire de la frayeur aux dieux mêmes : tel, et à de semblables traits on reconnaît le fils d'Achille entre tous ceux qui formaient son cortége. Les peuples, qui se portaient en foule sur son passage, faisaient pour son retour des vœux qui furent entendus des immortels.

Déjà le héros touche le rivage où la mer vient briser ses flots tumultueux; des matelots empressés préparent et les mâts et les voiles. Il monte, aussitôt on délie les câbles, on lève les ancres qui retiennent encore le vaisseau. L'époux d'Amphitrite, jetant sur les navigateurs un regard favorable, accélère leur course, de peur que les Grecs, privés plus long-temps du secours qu'ils attendent, ne succombent sous les efforts des Troyens et d'Eurypile. Les deux envoyés, assis aux côtés du fils d'Achille, l'entretiennent des exploits fameux de son père, des conquêtes qu'il avait faites avec ses flottes, des combats qu'il avait livrés dans la plaine, au redoutable Télèphe, des victoires qu'il avait remportées sur les Troyens, de son démêlé avec les Atrides. Le récit de ces actions héroïques plaisait au jeune guerrier, et enflammait son courage.

Cependant Déidamie versait des torrens de larmes brûlantes qui la consumaient, ainsi que la cire molle et l'étain flexible se fondent par l'ardeur des charbons embrasés. Elle pleure tout le jour; une mère tendre peut-elle voir d'un œil sec et tranquille un fils qu'elle aime, courir à des combats toujours funestes? Tandis qu'elle porte au loin ses regards inquiets, le navire, échappant à sa vue fatiguée, se perd dans le lointain, et semble se confondre avec les nuages. Poussé par un vent impétueux, il rase les plaines liquides, fend les flots et les fait voler en écume. A l'entrée de la nuit, il avait déjà parcouru des espaces immenses, et, malgré les ténèbres, il continua de voguer à pleines voiles à l'aide des vents et du pilote.

On découvrit, avec l'aurore, la cime des montagnes de l'Ida, et Chryse et Smynthe, où Apollon avait un temple fameux, et la pointe du cap de Sigée, où était le tombeau d'Achille (1). Le sage fils de Laërte, pour ne pas affliger Néoptolème, évita de lui faire observer ce monument de l'illustre descendant d'Éacus. Après qu'on eut passé les îles Calydnées et Ténédos, on aperçut Ptélcum, où reposaient les cendres de Protésilas (2) sous un monument ombragé par des ormes, dont les branches se dessèchent

---

(1) Ce tableau du mont Ida, du cap Sigée, du tombeau d'Achille, des îles Kalidnée, etc., est digne du véridique pinceau d'Homère.

(2) Protésilas ne gît pas à Troie ni autour de là (suivant Philostrate), mais dans la Chersonèse, sur ce tertre élevé à main gauche en entrant dans l'Hellespont. Quant aux ormes que l'on aperçoit sur le sommet du promontoire, ce

dès qu'elles sont élevées à la hauteur de la cité de Troie; bientôt, en forçant de rames, on rejoignit la flotte rangée à la vue des côtes d'Ilion.

En ce moment, les Argiens épuisés défendaient à peine les retranchemens qui mettaient à couvert leurs navires, et le puissant Eurypile était sur le point de les renverser de ses mains. Diomède, remarquant le danger, s'élance promptement hors du vaisseau, et crie de toute sa force : « Braves compagnons, de quels malheurs sommes-nous aujourd'hui menacés? Saisissons nos armes, et volons au combat. Déjà les Troyens victorieux assiégent nos remparts; s'ils viennent à bout de les forcer, ils porteront la flamme sur nos vaisseaux; et nous, contre l'ordre des destins, privés à jamais du doux espoir de retourner dans notre patrie, nous périrons dans les champs de Troie, loin de nos femmes et de nos enfans. »

A ces mots, tous sortent du navire, tremblans et saisis d'effroi. Le seul Néoptolème, non moins intrépide que son père, ne paraît occupé que du désir de signaler sa bravoure. On entre dans la tente d'Ulysse, la plus voisine du rivage. Là, étaient déposées ses armes et celles qu'avec ses compagnons il avait enlevées aux ennemis vaincus. Les plus robustes des guerriers prennent les plus fortes; les autres en choisissent de plus faibles. Ulysse aussitôt remet à Néoptolème les armes d'Achille; accompagné de ses Ithaciens, il se couvre des siennes, et donne à Diomède celles dont il avait dépouillé le brave Socus.

Le fils d'Achille se montre enfin avec les armes de son père, qui s'ajustaient parfaitement à ses membres vigoureux. Il part, les yeux étincelans, et se jette au fort de la mêlée vers le côté du retranchement qui opposait le moins de résistance à l'ennemi. Sa présence relève le courage d'Agamemnon et des Grecs, qui, après le combat, s'empressent de lui marquer leur reconnaissance par de magnifiques présens.

A la fin du jour, on le conduit dans la tente de son père, où les femmes se hâtent de lui rendre les mêmes honneurs qu'à leur ancien maître.

En voyant ces belles captives et les armes des nombreux Troyens qu'Achille avait vaincus, le jeune héros pousse de profonds soupirs, et regrette amèrement l'auteur de ses jours. Tel le nourrisson d'une lionne tombée récemment sous le fer des chasseurs, rentre seul en son repaire au fond d'une obscure forêt; il rugit à l'aspect des ossemens d'animaux dont les chairs lui ont servi de nourriture, et ces tristes débris lui rappellent les soins et les travaux d'une mère tendre et attentive.

Tel Néoptolème est pénétré de la plus vive douleur, lorsqu'il trouve dans cette tente les nobles monumens des victoires de son auguste père.

CHAPITRE XXV.

ULYSSE ET DIOMÈDE SONT ENVOYÉS PAR LES ATRIDES A LEMNOS, POUR Y CHERCHER PHILOCTÈTE.

Le destin avait arrêté que Troie ne succomberait qu'après l'arrivée de Philoctète, le fils de Thestor s'en était assuré par le vol des oiseaux sacrés, et par l'inspection des entrailles des victimes. Sa prédiction est écoutée; les Atrides font partir le sage Ulysse et le courageux Diomède pour l'île de Lemnos.

---

furent les nymphes qui les plantèrent de leurs mains, mais sous une telle propriété et condition, qu'elles établirent que les branches tournées du côté d'Ilion, s'épanouissent au point du jour, mais que bientôt les feuilles leur tombent et flétrissent devant le temps, ce qui dénote le regret de Protésilas.

Mais, de l'autre côté, elles demeurent en leur entier et se portent bien. Tous les autres arbres, au reste, qui sont plantés près de ce monument, sont sains et saufs en tous leurs rameaux, et revêtus d'une gaie et fleurissante verdure. (Trad. des *Héroïques* de Philostrate.)

Cette île, où Philoctète fut abandonné, n'avait ni port ni commerce, ni maison pour recevoir les étrangers, rien enfin qui pût y attirer les vaisseaux.

On voyait dans cette île, à peu de distance de la mer, une grotte ouverte de deux côtés. Dans l'hiver, elle donnait un double accès aux rayons du soleil, et durant les chaleurs de l'été, l'haleine des zéphyrs y portait le doux sommeil. A gauche, et un peu au-dessus, coulait une source abondante d'eau pure, qui, tombant en cascades du haut d'un rocher fort escarpé, allait arroser les campagnes voisines de la mer. La grotte était jonchée de feuilles; on y voyait une coupe grossièrement travaillée, quelques branches sèches, et des lambeaux de toile déchirés et ensanglantés.

C'était là l'asile de Philoctète; sa blessure ne lui permettait pas de s'écarter loin de sa grotte; il n'en sortait que pour aller chercher des alimens, ou des herbes propres à soulager sa douleur.

La douce société et les tendres soins lui sont inconnus; la terre ne lui donne aucun des biens qu'elle accorde aux autres hommes; il ne connaît plus leur nourriture, si ce n'est quand ses traits percent par hasard quelque oiseau; depuis dix années, il n'a pas goûté la douce liqueur que verse Bacchus, heureux encore qu'il ne lui en coûte qu'un voyage pénible pour aller étancher sa soif dans la source voisine. En un mot, il est à la fois la victime de toutes les douleurs et de tous les besoins de la vie.

L'infortuné Philoctète, qui ne le cédait autrefois à aucun des héros de la Grèce en puissance et en gloire, est maintenant livré à l'indigence, à la langueur et à la plus profonde misère; également tourmenté par tous les fléaux qui peuvent affliger la nature humaine, il n'a pour toute compagnie que les bêtes farouches, les oiseaux, et l'écho qui répète ses plaintes et ses gémissemens. Au lieu du doux son des chalumeaux qui annonce de loin l'arrivée des bergers, on n'entend que ses cris perçans et douloureux.

Si par hasard la tempête jette quelque vaisseau dans l'île, les matelots se contentent de le plaindre; c'est tout ce qu'il peut attendre de leur stérile compassion. Il a beau conjurer, supplier qu'on le ramène dans sa patrie, nul ne veut se charger de lui; on le laisse depuis dix ans en proie à la faim et au mal affreux qui le dévore.

Près de sa couche, on aperçoit un long carquois et des flèches destinées, les unes contre les bêtes, et les autres contre ses ennemis. Ces dernières étaient empreintes d'un venin pernicieux. Il avait devant lui un grand arc dont les branches de corne furent autrefois recourbées par les mains vigoureuses d'Hercule. Hélénus, célèbre devin, fils de Priam, étant prisonnier des Grecs, leur avait prédit que la destinée d'Ilion dépendait de ces armes, et Ulysse s'était engagé sur sa tête à amener Philoctète de gré ou de force à l'armée, ou du moins à lui enlever les armes d'Hercule. Et quel autre guerrier eût été plus propre qu'Ulysse à réussir dans cette délicate entreprise, que celui qui avait donné tant de preuves d'habileté, et qui venait d'arracher Néoptolème des bras de sa tendre mère?

En effet, il se rend à Lemnos, accompagné de Diomède et d'un petit nombre de guerriers choisis.

Ulysse et Diomède, tellement déguisés qu'il était impossible de les reconnaître pour des Grecs, s'approchent de l'antre où Philoctète était couché sur son lit de feuilles. Dès qu'il aperçoit ces étrangers, il s'arme de ses flèches empoisonnées. Les envoyés lui tendent une main secourable en signe d'amitié; la compassion et la tristesse peintes sur leur front, inspirent de la confiance à l'infortuné Philoctète. Il leur raconte ses malheurs; ils en écoutent le récit avec attendrissement, ils lui prodiguent les consolations les plus affectueuses, et Ulysse lui laisse entrevoir avec adresse l'espérance de sa guérison, s'il consentait à aller à Troie consulter les deux fils d'Esculape; enfin, il lui assure avec serment que le malheur de Philoctète afflige toute l'armée, afflige *Ulysse* et les *Atrides* eux-mêmes. A ces noms odieux, la fureur de Philoctète se réveille, et reconnaissant Ulysse aux conseils insidieux qu'il vient d'entendre, il reprend ses armes. Ulysse se voyant découvert, ordonne à ses compagnons d'approcher, et de saisir Philoctète. « Apprenez, lui dit le fils de Laërte, que les Atrides ne sont pas plus coupables que moi des maux qui vous accablent depuis tant d'années; votre blessure est un coup parti du ciel; les dieux vous ont puni pour avoir pillé le temple de Chrysa. N'espérez jamais de guérison, tant que le soleil vous éclai-

Philoctète dans l'île de Lemnos

Philoctète au camp des Grecs.

rera, que vous n'alliez à Troie. Votre guérison est réservée aux deux fils d'Esculape, comme la prise de Troie l'est à vos flèches et à nos efforts communs. »

« O ennemi des dieux et des hommes, s'écrie Philoctète, Ulysse, quel est ton dessein en me chargeant de chaînes? Va jouir de mon infortune; va rire de ma douleur avec tes chers Atrides, dont tu sers aujourd'hui la passion. Lâche, oublies-tu que tu contrefaisais l'insensé pour te dispenser d'aller à la guerre de Troie? Ce n'est que malgré toi que tu les y a suivis, et néanmoins ils te chérissent; je leur ai, moi, conduit volontairement sept vaisseaux, et ils m'abandonnent dans ce pays sauvage comme le dernier des hommes. »

« J'aurais bien des choses à vous répondre, repartit Ulysse; je suis, croyez-moi, autant qu'un autre partisan de la vertu et de l'humanité; mais il n'y a rien que je ne sois prêt à sacrifier à l'intérêt de la patrie. Amis, dit-il à ses compagnons, saisissez les armes d'Hercule; Philoctète n'est pas digne de les porter, puisqu'il refuse d'obéir aux dieux qui les destinent au salut des Grecs et à la destruction de leurs ennemis. Rendez-lui la liberté, et laissez-le dans cette île sauvage; nous pourrons nous passer de lui, puisque nous avons les armes d'Hercule; Teucer connaît l'art de s'en servir, et à son défaut je me flatte de ne pas l'ignorer. Oui, Philoctète, je m'en servirai aussi bien que vous; l'armée, après tout, a-t-elle besoin de vous? Adieu, demeurez dans votre Lemnos, nous allons partir, et cet arc va me procurer une gloire que les dieux réservaient à Philoctète. »

Ces derniers mots, prononcés d'un accent à la fois touchant et terrible, produisent leur effet; Philoctète, comme s'il avait été inspiré par le ciel lui-même, s'écrie aussitôt : « J'obéis et je pars. Adieu, chère grotte, triste asile de ma misère; adieu, nymphes de ces prés humides, je n'entendrai plus le bruit sourd de cette mer mugissante. Adieu, rivages où j'ai tant de fois souffert les injures des saisons! Adieu, promontoire où l'écho répéta tant de fois mes gémissemens; adieu, douces fontaines que j'avais cru ne devoir jamais quitter. Et toi, ô terre de Lemnos, laisse-moi partir heureusement, puisque je vais où m'appellent les destins et les dieux qui l'ont ainsi voulu. »

Le discours à la fois doux et menaçant d'Ulysse, semblait avoir fait oublier tout d'un coup à Philoctète les traitemens indignes qu'il avait reçus des Grecs, et les longues douleurs qu'il avait essuyées. On le transporta avec ses flèches sur le vaisseau qui devait le porter à Troie. On lave sa plaie et tout son corps, qu'on sèche ensuite avec des éponges.

Après ce premier soulagement, on lui propose à la hâte un repas capable d'apaiser sa faim. Les deux envoyés soupent avec lui sur le vaisseau; ils prennent le repos de la nuit, et attendent le retour de l'aurore.

Dès le point du jour on lève l'ancre, on appareille, les vents sont favorables, le vaisseau vole à travers les flots écumans, et arrive au cap Sigée. Toute l'armée des Grecs fait retentir le rivage de ses acclamations, en voyant sortir du vaisseau Philoctète appuyant ses mains défaillantes sur ses deux illustres compagnons.

Les fils d'Esculape, Podalyse et Machaon, accourent pour donner leurs soins au fils de Péan. Bientôt un coloris vermeil efface la livide pâleur de son visage, l'embonpoint succède à la maigreur, ses membres reprennent leur vigueur, de même que dans les champs de Cérès, les épis long-temps étouffés par l'abondance des pluies reparaissent à la belle saison, lorsque, soulevés par les zéphyrs, ils reprennent leur verdure et embellissent nos plaines. Ainsi voit-on revivre Philoctète, dévoré si long-temps de souffrances et d'ennuis.

CHAPITRE XXVI.

LES GRECS, DIRIGÉS PAR LES CONSEILS ET LES STRATAGÈMES D'ULYSSE, FINISSENT PAR S'EMPARER DE LA VILLE DE TROIE.

Les Troyens, battus et échappés au fer des Grecs, rentrent dans la ville, où leurs femmes et leurs enfans s'empressent de les décharger du poids de leurs armes ensanglantées, et leur préparent des bains tièdes. Ceux qui possédaient l'art de guérir suffirent à peine à panser un si grand nombre de blessés; ici, une famille éperdue cherche à soulager un père; là, des femmes éplorées appellent en vain leurs époux tués dans la mêlée; ailleurs, des guerriers tourmentés par la douleur exhalent de profonds soupirs, et refusent toute nourriture; les coursiers, pressés par la faim, font entendre leurs hennisse-mens répétés.

L'armée d'Agamemnon, profitant de ses avantages, marche contre la ville de Priam, que les habitans de leur côté se préparent à défendre avec le courage du désespoir. Le fils de Capanée, secondé du brave Diomède, attaque la porte Scée. Pour les repousser, Polyte et Déiphobe lancent une grêle de pierres et de flèches, qui tombent avec un bruit épouvantable sur les boucliers et les casques.

Ce fut alors que l'industrieux Ulysse commanda aux siens d'élever leurs boucliers au-dessus de leurs têtes (1), de les rapprocher les uns des autres, et d'en former une surface solide et continue. Sous cette voûte impénétrable, les bataillons agissent par une même force, et n'ont plus qu'un seul mouvement. On jette en vain sur eux une grêle de cailloux, ils roulent sur ce plan, et tombent aussitôt par terre, comme s'ils étaient précipités du haut d'un rocher escarpé. Les phalanges ainsi couvertes marchent en bon ordre et à pas égaux. La terre mugit sous les pieds des guerriers; derrière eux, les vents élèvent la poussière dans les airs. Leurs voix confuses imitent le bourdonnement des abeilles renfermées dans les ruches; les vapeurs de leurs haleines échauffées humectent l'enceinte du dôme qui leur sert d'abri.

Les deux fils d'Atrée voient avec plaisir avancer cette colonne formidable. Déjà les soldats, arrivés au pied des murs, travaillent à les abattre à l'aide des pics, et ils enfoncent la coignée dans les portes, qu'ils s'efforcent de renverser ou d'arracher de leurs gonds.

Le succès paraît assuré; mais Énée lance à deux mains de grosses pierres qui écrasent sous leurs bou-cliers un grand nombre de soldats. Bientôt, redoublant ses coups meurtriers, il rompt l'ordre et la forme des boucliers entrelacés, et met le désordre parmi les assiégeans.

Les Grecs, alors épuisés de fatigue, et désespérant de terminer cette fatale guerre, convoquent les chefs de l'armée. Calchas conseille de renoncer à des attaques meurtrières, et d'avoir encore recours à quelque nouvel artifice dont l'armée puisse se promettre un succès plus favorable; mais personne ne pouvait imaginer quel stratagème pouvait être employé contre les Troyens.

Ulysse trouve un nouvel expédient digne de son génie souple et fécond; son projet reçoit l'applaudis-sement universel de l'armée, et Calchas admire l'ingénieux moyen qui doit assurer enfin le triomphe des Grecs et la ruine des Troyens. (2)

---

(1) Si la science militaire était assez avancée, à l'époque du siège de Troie, pour construire un retranchement, c'est-à-dire des tours défendues par un large fossé et de fortes palissades, il ne serait pas étonnant que la manœuvre de la tortue et celle du bélier n'y aient pas été inconnues.

(2) Que ce soit par la manœuvre d'un cheval, d'un bélier ou d'une tortue, que la ville de Troie soit tombée au pouvoir d'Agamemnon, toujours est-il certain que c'est au fils de Laërte que la Grèce fut redevable de ce dernier succès.

CHAPITRE XXVII.

APRÈS L'INCENDIE DE TROIE UNE PARTIE DE LA FLOTTE D'AGAMEMNON FAIT NAUFRAGE SUR LES ROCHERS DE L'EUBÉE; CELLE D'ULYSSE EST POUSSÉE PAR LES FLOTS SUR LES RIVAGES DES CICONIENS.

Les Grecs, après avoir ravagé la ville de Troie par le fer et par le feu, en emportent les richesses sur leurs vaisseaux. Les femmes échappées aux calamités du siége deviennent la proie des vainqueurs. Celles que l'hymen n'a pas encore soumises à ses lois, celles qui en ont à peine goûté les délices dans les bras de leurs jeunes époux, celles à qui on a arraché leurs enfans, celles même que l'âge a déjà courbées sous le poids de la vieillesse, toutes sont traînées en esclavage.

Ajax viole Cassandre dans le temple de Minerve; Acamas enlève Laodicée; Diomède tue impitoyablement Ilionée, au moment où ce vieillard embrasse ses genoux; Idoménée tue Mynias; Ménélas tue Déiphobe, et le terrible fils d'Achille égorge Priam au pied de l'autel de Minerve. Ulysse ne paraît nulle part au milieu de tout ce carnage : il ne se montre que pour placer sous sa sauvegarde la vieille Hécube. (1).

Lorsque les richesses de Troie et les femmes captives furent embarquées, et qu'on se disposait à donner le signal du départ, il s'éleva une querelle violente entre les deux chefs de l'armée.

Ménélas voulait qu'on mît à la voile sans aucun délai; Agamemnon, au contraire, voulait retenir l'armée afin d'offrir des sacrifices à Minerve et désarmer sa colère. On en vint, de part et d'autre, à des paroles d'aigreur. Une confusion épouvantable se répandit parmi les soldats, qui allaient se porter aux dernières extrémités les uns contre les autres.

Ulysse et Nestor, par leur sagesse et leur éloquence, rétablirent le calme dans la partie de l'armée qu'ils commandaient, et la conduisirent à Ténédos pour y faire des sacrifices; mais le feu mal éteint de la discorde s'y ralluma de nouveau parmi les soldats. Nestor, alors, continua sa route vers Lesbos, où il fut rejoint le soir par Diomède et Ménélas. Ulysse, le noble Ulysse, alla retrouver Agamemnon *pour plaire à ce prince* (2); mais, hélas! les flottes de ces deux héros ne devaient pas être réunies pour long-temps.

Cependant, placés tous deux sur le devant de leurs vaisseaux, ils font des libations aux dieux de la mer pour en obtenir un prompt retour dans leur patrie, mais leurs vœux inutiles sont emportés par les vents et se perdent dans les airs.

Les captives, en s'éloignant du rivage, s'efforcent en vain de cacher leur douleur. Les unes, la tête penchée sur leurs genoux, les serrent étroitement de leurs bras entrelacés; les autres se couvrent le visage de leurs mains; d'autres pressent contre leur sein des enfans à la mamelle, qui, exempts des soucis amers auxquels sont en proie les autres hommes, ne connaissent ni les maux de leur patrie ni ceux de l'esclavage. Toutes, les cheveux épars, se déchirant la poitrine de leurs ongles, jettent un dernier regard sur les débris de leurs toits encore fumans, mais à peine ce douloureux spectacle a-t-il fixé leurs yeux, que de nouveaux torrens de larmes en coulent comme d'une source intarissable.

---

(1) Il est à remarquer qu'Ulysse conserve encore ici, comme partout ailleurs, son noble caractère, en sauvant l'infortunée reine des Troyens. S'il est l'auteur de *l'Iliade*, on ne doit pas être surpris du soin qu'il prend de sa renommée.

(2)   Αὖτις ἐπὶ Ἀτρείδῃ Ἀγαμέμνονι ἦρα φέροντες.

Les Grecs, occupés à déployer les voiles ou à fendre l'onde amère avec les rames, se livrent à tous les transports de l'allégresse.

Mais, lorsque la plaine et le promontoire où est le tombeau d'Achille parurent fuir loin d'eux, leur joie fut un moment troublée par le souvenir de ceux de leurs compagnons qui avaient été tués dans les combats, et dont ils laissaient à regret les os ensevelis dans des contrées si éloignées de la Grèce.

La flotte côtoie Ténédos, Chryse et Scylla, lieux consacrés au culte d'Apollon Sminthée; bientôt paraît l'île de Lesbos, et on double le promontoire Lectum, où se termine la chaîne des montagnes de l'Ida (1). Enfin les Grecs approchent de l'Eubée, et ils se flattent de toucher bientôt le sol de leur chère patrie; mais tout à coup les vents déchaînés soulèvent de toutes parts les flots de la mer Égée.

Tous les Grecs sont saisis d'un mortel effroi; leurs vaisseaux sont d'abord portés jusqu'aux nues, sur le dos des vagues amoncelées; mais la mer se dérobant tout à coup les précipite jusqu'au fond de ses abîmes, et leur laisse entrevoir ses sables à découvert. La rame devient inutile entre les mains des matelots tremblans; ils s'efforcent en vain de serrer les voiles déchirées par les vents, et peuvent encore moins les diriger. Le pilote étourdi n'a plus ni la force ni le courage de tenir le gouvernail : tout espoir est évanoui; l'obscurité d'une nuit profonde, les horreurs de la tempête, tant de signes évidens de la colère des dieux, ne présentent partout que l'affreuse image du trépas. On n'entend sur la flotte que des cris et des gémissemens : les vaisseaux se brisent les uns contre les autres avec un fracas épouvantable. Ceux des matelots qui opposent à ce choc leurs faibles avirons sont précipités dans les flots ; les débris qu'ils rencontrent, loin de leur offrir une ressource, les écrasent par le froissement et leur rendent la mort plus cruelle. Un grand nombre d'entre eux, en tombant au milieu des vaisseaux, sont tellement glacés par la frayeur, qu'à peine ils conservent un souffle de vie. D'autres, en petit nombre, nagent à l'aide des rames ou des bois qu'ils peuvent atteindre, prêts à chaque instant d'être engloutis dans les abîmes. Ainsi la terre, le ciel et l'océan confondus paraissent conjurer ensemble l'entière destruction de la flotte. (2)

Au milieu de cet affreux désordre, les captives, oubliant leur propre danger, voient avec plaisir tous les maux fondre sur leurs vainqueurs. Les unes, serrant étroitement entre leurs bras les enfans qu'elles allaitent, s'élancent elles-mêmes dans les gouffres de la mer; la fureur porte les autres à se jeter sur leurs ennemis, dont elles essaient d'avancer le trépas; contentes de périr avec eux pourvu qu'elles satisfassent leur vengeance.

Ce fut dans cette tempête qu'une partie des vaisseaux grecs fut engloutie au promontoire de Capharée.

Ajax, le fils impie d'Oïlée, y fut frappé du trident de Neptune lui-même.

Agamemnon n'y échappa que pour aller périr sous le poignard de l'infâme Égisthe.

Ulysse, *après avoir partagé les dangers de son roi jusqu'au dernier moment, fut jeté sur le rivage des Ciconiens.* (3)

---

(1) Ici l'auteur des *Paralipomènes* se montre géographe aussi parfait que l'auteur de *l'Iliade* lui-même.

(2) On assure que Nauplius, roi d'Eubée, alluma de faux signaux sur les hauteurs de Capharée, et attira ainsi la flotte d'Agamemnon sur les écueils, pour se venger de la condamnation de son fils Palamède.

(3) Dans l'épouvantable tableau de la tempête de Capharée, on aperçoit deux traits singulièrement remarquables, qui paraissent avoir échappé à l'attention des commentateurs.

Le premier de ces traits justifie complétement l'ingénieuse idée de M. Granville-Penn, qui a très bien montré que l'argument principal de *l'Iliade* n'est pas la colère d'Achille, mais bien la volonté des dieux. En effet, le courroux du ciel éclate à la fin du poëme,

$$\text{Ἀθανάτων δὲ ἐτέλεσσε κακὸς νόος.}$$

(*Paralip.*, Lib. XIV, vers 654.)

Comme il avait été annoncé dans le début :

CHAPITRE XXVIII.

AVENTURES D'ULYSSE DEPUIS LE PILLAGE D'ISMARE, LA CAPITALE DES CICONIENS JUSQU'A SON RETOUR A ITHAQUE.

Pendant que la grande flotte des Grecs périssait au promontoire de Capharée, Ulysse pillait la capitale des Ciconiens, qui avaient eu le malheur de porter des secours aux Troyens pendant la guerre.

C'est lui-même qui fait à Pénélope le récit de cette expédition et de toutes les autres aventures qui la suivirent.

Il lui fait le détail des cruautés du Cyclope, et de la vengeance qu'il avait tirée du meurtre de ses compagnons, que ce monstre avait dévorés; il lui raconte son arrivée chez Éole, les soins que ce prince eut de lui, les secours qu'il lui donna pour son retour; la tempête dont il fut accueilli et qui l'éloigna de sa route; son arrivée chez les Lestrigons, les maux que ces barbares lui firent en brûlant et brisant ses vaisseaux et en tuant ses compagnons; sa fuite sur le seul vaisseau qui lui resta; les caresses insidieuses de Circé et tous les moyens qu'elle employa pour le retenir; sa descente aux enfers pour consulter Tirésias, et comment il y trouva ses compagnons et sa mère; il lui peignit les rivages des Sirènes, les merveilles de leurs chants et le péril qu'il y avait à les entendre; il lui parla des effroyables roches errantes et des écueils de l'épouvantable Charybde et Scylla, que personne n'a jamais pu approcher sans périr; de son arrivée dans l'île de Trinacrie; de l'imprudence de ses compagnons qui tuèrent les bœufs du Soleil; de son vaisseau fracassé par la foudre du dieu qui ébranle l'Olympe; de la perte soudaine de tous ses compagnons; de la pitié que les dieux eurent de lui en le faisant aborder dans l'île d'Ogygie chez la nymphe Calypso, qui, désirant se l'attacher par les nœuds de l'hyménée, le retint si long-temps dans son île, lui consacra ses soins et lui promit l'immortalité, offre qui ne put ébranler sa fidélité constante à son épouse; il lui dit, enfin, comment après les plus grands périls il atteignit la terre des Phéaciens, qui l'honorèrent comme un dieu, et qui, en lui prodiguant l'or, l'airain, et de riches vêtemens, le ramenèrent sur un de leurs vaisseaux jusque dans sa patrie.

$$\text{Διὸς δ' ἐτελείετο βελή.}$$

(*Il.*, A., vers 5.)

Ainsi la fin des *Paralipomènes* est la conclusion toute naturelle de *l'Iliade*.

Ce n'est pas tout; dans le même tableau qui termine la troisième époque de la vie d'Ulysse, nous trouvons un second trait qui établit la transition la plus heureuse du poëme de *l'Iliade* à celui de *l'Odyssée*. Lorsque la flotte des Grecs est engloutie et dispersée, Minerve se réjouit du triomphe de sa haine; mais elle s'afflige des *malheurs que Neptune irrité réserve encore au sage Ulysse.*

$$\text{Ἄλλοτε μὲν μέγ' ἐγήθεεν, ἄλλοτε δ' αὖτε}$$
$$\text{Ἄχνυτ' Ὀδυσσῆος πινυτόφρονος, οὔνεκ' ἔμελλεν}$$
$$\text{Πάσχειν ἄλγεα πολλὰ Ποσειδάωνος ὁμοκλῇ.}$$

(*Paralip.*, Lib. XIV, v. 627-8-9.)

Ne dirait-on pas que ces vers ont été tracés par la même main qui peignit, dans le début de *l'Odyssée*, les longues souffrances d'Ulysse?

$$\text{Πολλὰ δ' ὅγ' ἐν πόντῳ πάθεν ἄλγεα.}$$

(*Odyss.*, A., v. 4.)

CHAPITRE XXIX.

AVENTURES D'ULYSSE DEPUIS SON ARRIVÉE A ITHAQUE JUSQU'A SON DERNIER COMBAT AVEC LES USURPATEURS DE SON TRONE, ET SON EXIL EN ITALIE. (1)

Au moment où paraît l'étoile brillante qui annonce l'aurore, le vaisseau qui apportait de l'île de Skerie le vaillant Ulysse plongé dans un sommeil profond, aborde au rivage d'Ithaque.

Il y a, dans cette île, un port consacré au dieu Phorcis. Deux promontoires, se courbant l'un vers l'autre, en forment l'entrée et en repoussent les vagues. Lorsque les vaisseaux ont pénétré dans son enceinte, ils y sont à l'abri des vents qui troublent l'empire de Neptune, et ils y restent immobiles sans être retenus par aucun lien. Les rochers qui se trouvent à l'entrée de ce port sont couronnés d'un bois d'oliviers près duquel se trouve un antre obscur et délicieux qui était consacré aux nymphes.

Ce lieu charmant était arrosé par des fontaines dont l'eau ne tarissait jamais; on y voyait de grandes urnes de pierre qui servaient de retraite à des essaims d'abeilles.

La grotte avait deux ouvertures : l'une tournée vers le nord et accessible aux humains, l'autre qui regardait le midi, et destinée seulement aux immortels.

Les rameurs d'Ulysse arrivent à l'embouchure de ce beau port qu'ils connaissaient depuis long-temps, et leur vaisseau est poussé vers le rivage jusqu'à la moitié de sa longueur, tant était violent et rapide le mouvement qu'ils lui avaient imprimé par la force de leurs rames.

Aussitôt, prenant Ulysse dans leurs bras, ils le portent à terre et le déposent doucement sur le sable près de la grotte des Nymphes, sans que le sommeil l'abandonne. Ils portent ensuite hors du vaisseau les présens qu'il avait reçus des Phéaciens, et ils les mettent au pied d'un olivier, de peur qu'ils ne fussent exposés au pillage si quelque voyageur venait à passer par là avant le réveil du héros. Ils se rembarquent ensuite en silence, et reprennent le chemin de Skerie, où leur vaisseau fut, dit le poète, changé en rocher, au moment où il revenait au port en fendant les eaux avec une merveilleuse légèreté.

Cependant Ulysse s'éveille. A l'aspect de sa terre natale, qu'il ne tarde pas à reconnaître, il éprouve un ravissement de joie; il baise cette terre chérie, et, levant les bras vers le temple des nymphes, il les invoque ainsi à haute voix :

« O Naïades, filles de Jupiter, l'espérance de vous revoir était morte en mon cœur; recevez mes vœux les plus ardens; bientôt vos autels seront couverts de mes dons, si Minerve, toujours remplie pour moi de bienveillance, daigne prolonger ma vie et bénir un fils que j'aime.

Après cette courte prière, il délibère, dans sa profonde sagesse, sur les moyens qu'il doit employer pour découvrir ce qui se passe dans son palais, et tirer vengeance de la troupe insolente qui veut lui ravir son épouse en dévorant ses biens.

Ses longues fatigues, ses nombreux combats, ses naufrages, la perte de ses compagnons, les malheurs de tout genre l'ont tellement défiguré, qu'il était méconnaissable à tous les mortels. Sa peau, autrefois unie et colorée, était maintenant sèche et ridée; sa tête, jadis ombragée de beaux cheveux bruns,

---

(1) On aurait pu présenter ici au lecteur la suite entière de *l'Odyssée* comme une réunion de faits purement historiques, et compléter ainsi le journal des aventures d'Ulysse; mais on a cru devoir se borner à le suivre pas à pas de la grotte des Nymphes à la fontaine Aréthuse, etc., afin de montrer que l'auteur de *l'Odyssée* a été aussi fidèle à la topographie de l'île d'Ithaque que l'auteur de *l'Iliade* à celle de la plaine de Troie et de la Grèce entière.

était à moitié chauve, et ses yeux, qui brillaient autrefois d'une majesté imposante, paraissaient ternes et timides.

Sous des traits aussi altérés, il pouvait se présenter aux yeux des prétendans, à la reine elle-même, sans craindre d'en être reconnu (1); mais il jugea plus prudent et plus utile à sa vengeance d'aller trouver d'abord le sage Eumée, le plus fidèle de ses serviteurs, celui qui avait le plus d'attachement pour son fils et pour la chaste Pénélope, et qui, plein de vigilance pour les troupeaux confiés à sa garde, les menait paître chaque jour au-dessous du rocher *Korax*, près la fontaine Aréthuse (2), où le fruit nourrissant du chêne et les noires eaux de cette source profonde servaient à les engraisser.

Ulysse, ne se trouvant pas encore assez déguisé par les rides du malheur pour échapper à l'avide et inquiète curiosité de ses amis et de ses ennemis, crut devoir quitter les beaux vêtemens qu'il avait reçus des Phéaciens. Il les remplaça donc par les lambeaux les plus hideux, souillés d'une noire fumée, et par-dessus il s'affubla d'une vieille peau de cerf dont tout le poil était tombé; il prend à la main un gros bâton, et place sur ses épaules une besace rapiécée, qui, attachée par une vieille courroie, lui pendait jusqu'à la moitié du corps.

Le héros, ainsi déguisé, s'éloigne du port, et suit, à travers les bois et les montagnes, un *sentier raboteux* (3) qui le conduit à la demeure du sage Eumée, qu'il trouve assis à l'entrée de sa maison, située sur un lieu très élevé. Quatre gros chiens d'une grandeur prodigieuse veillaient à la garde de ses troupeaux. Le vieillard, assis sous son portique, travaillait à se faire une chaussure de cuir de bœuf avec tout son poil. Trois de ses bergers étaient allés mener leurs troupeaux en différens pâturages, et il avait envoyé le quatrième à la ville porter aux fiers poursuivans le tribut ordinaire pour leur table.

Les chiens, apercevant tout d'un coup Ulysse, se mirent à aboyer et à courir sur lui. Ulysse, pour se garantir, se couche à terre et jette son bâton.

Ce prince était exposé là au plus grand danger, et cela dans sa maison même, si le chef de ses bergers n'était venu à son secours.

Dès qu'Eumée eut entendu les chiens aboyer, son cuir lui tomba des mains; il sortit du portique, et courut en diligence à l'endroit où il entendait le bruit.

A force de cris et de pierres, il écarte enfin les chiens, et ayant délivré Ulysse, il lui parle en ces termes :

« O vieillard, il s'en est peu fallu que mes chiens ne vous aient dévoré : vous m'auriez exposé à une douleur très sensible et à des regrets éternels. Les dieux m'ont envoyé assez d'autres déplaisirs sans celui-là. Je passe ma vie à pleurer l'absence, et peut-être la mort de mon cher maître, que ses vertus égalaient aux immortels, et par la douleur de fournir pour la table de ses ennemis tout ce que j'ai de plus beau et de meilleur, pendant que ce cher maître manque des choses les plus nécessaires à la vie dans quelque terre étrangère, si tant est même qu'il vive encore et qu'il jouisse de la lumière du soleil. Mais, vieillard, entrez dans ma maison, afin qu'après vous être reposé et avoir pris quelque nourriture, vous m'appreniez d'où vous êtes, et tout ce que vous avez souffert. »

En achevant ces mots, il le fait entrer. Dès qu'ils sont dans la maison, Eumée jette à terre quelques broussailles, qu'il couvre d'une grande peau de chèvre sauvage, où il le fait asseoir.

Ulysse est ravi de ce bon accueil, et lui en témoigne sa reconnaissance : « O mon hôte, lui dit-il, que

---

(1) Dans cette épouvantable catastrophe qui vient d'ébranler l'univers, combien de malheureux Français sont rentrés, comme Ulysse, après vingt ans d'absence, dans leur patrie, et, comme lui, tellement défigurés par le malheur, qu'ils n'ont été reconnus que par cet animal fidèle qui n'oublie jamais son maître!

(2) Voyez le commentaire sur la fontaine Aréthuse et le rocher du Corbeau.

(3) Le chemin du port Vathi au rocher du *Corbeau* est en effet très rocailleux.

Jupiter et tous les autres immortels, en récompense de cet accueil qui annonce votre bon cœur, accomplissent tout ce que vous pouvez désirer, et qu'ils vous récompensent du bon accueil que vous me faites.

« Mais de grâce, mon cher hôte, continue-t-il, comment appelez-vous ce maître chéri qui vous a donné l'intendance de ses troupeaux? Apprenez-moi son nom, afin que je voie si je ne l'aurais point connu. Jupiter et les autres dieux savent si je ne pourrai pas vous en donner des nouvelles, et si je ne l'ai pas vu; car j'ai parcouru diverses contrées. »

« Ah! mon ami, répondit Eumée, ni ma maîtresse ni son fils n'ajouteront plus foi à tous les voyageurs qui se vantent d'avoir vu Ulysse. Il est certain que l'âme de mon maître n'anime plus son corps, et que ce corps est quelque part la proie des chiens ou des oiseaux; peut-être même qu'il a servi de pâture aux poissons dans le fond des mers, et que ses os sont, sur quelque rivage éloigné, ensevelis sous des monceaux de sable. Sa mort est une source de douleur pour tous ses amis et pour moi; car, quelque part que je puisse aller, je ne trouverai jamais un si bon maître. »

« Cher Eumée, reprit Ulysse, quoique vous refusiez de croire à mes paroles, et que vous persistiez dans votre défiance en vous obstinant à soutenir que jamais Ulysse ne reviendra, je ne me lasse pas de vous assurer, et même avec serment, que vous le verrez bientôt de retour. Je hais comme la mort ceux qui, réduits à la pauvreté, ont la bassesse d'inventer des fourberies, et je prends à témoin le souverain des dieux, ensuite cette table hospitalière où vous m'avez reçu, et le sacré foyer d'Ulysse où vous m'avez si bien accueilli, que vous recevrez Ulysse dans sa maison et qu'il se vengera avec éclat de tous ceux qui osent traiter sa femme et son fils avec tant d'insolence.

« Phidon, roi des Thespéoliens, m'a appris qu'Ulysse avait été reçu et traité dans son palais comme il passait chez lui pour retourner dans sa patrie. Il m'a même montré toutes les richesses qu'Ulysse avait amassées dans son voyage, l'airain, l'or, le fer; et, sur ce que je parus étonné que tous ces trésors fussent là sans lui, il me dit qu'Ulysse les avait laissés pour aller à Dodone consulter le chêne miraculeux, et recevoir de lui la réponse de Jupiter, pour savoir comment il devait retourner à Ithaque après une si longue absence, et s'il devait y rentrer directement et sans se faire connaître. »

« Cessez, ô étranger, répliqua Eumée, de m'abuser par des contes faits à plaisir. Ce ne seront point ces contes qui m'obligeront à vous bien traiter et à vous respecter, ce sera Jupiter qui préside à l'hospitalité, et dont j'ai toujours la crainte devant les yeux, ce sera la compassion que j'ai naturellement pour tous les malheureux. »

« Hé bien, dit Ulysse, puisque après les sermens que je viens de faire, je ne puis ni vous persuader, ni vous ébranler, faisons ensemble un traité, et que les dieux qui habitent l'Olympe en soient témoins. Si votre roi revient dans ses États, comme je vous l'ai déjà dit, vous me donnerez des habits et vous m'enverrez sur un vaisseau à Dulichium, d'où j'irai partout où il me plaira. Et s'il ne revient pas, vous exciterez contre moi tous vos domestiques, et vous leur ordonnerez de me *précipiter de ces hauts rochers* (1), afin que ce châtiment apprenne à tous les pauvres qui arriveront chez vous à ne pas vous abuser par leurs vaines fables.

« Étranger, répondit Eumée, que deviendrait la réputation que j'ai acquise parmi les hommes et pour le présent et pour l'avenir? Que deviendrait ma vertu, qui m'est encore plus précieuse que ma réputation, si, après vous avoir reçu dans ma maison et vous avoir fait tous les bons traitemens qui ont dépendu de moi et que demande l'hospitalité, j'allais vous ôter cette même vie que je vous ai conservée?.... Mais l'heure du souper approche, et nos bergers seront bientôt ici pour prendre avec moi un léger repas. »

---

(1) *De ces hauts rochers*. Ceci est très remarquable; la chaumière d'Eumée était située sur les hauts rochers *Corax*, où sont encore aujourd'hui celles des bergers d'Ithaque. Ulysse ne pouvait pas choisir un lieu plus effrayant pour appuyer ses sermens.

Quand Ulysse et Eumée eurent terminé leur repas, ils se disposèrent, eux et leurs bergers, à aller goûter les douceurs du sommeil.... La nuit était très froide et très obscure.

Ulysse, pour essayer encore la générosité d'Eumée, et voir s'il lui donnerait quelque vêtement pour le défendre du froid, lui fait adroitement l'histoire d'une aventure qui lui était arrivée devant Troie.

« Ah! plût aux dieux, lui dit-il, que j'eusse encore la vigueur et la force que j'avais quand nous dressâmes une embuscade aux Troyens sous les remparts de leur ville!

« Ulysse et Ménélas étaient les chefs de cette entreprise, et ils me firent l'honneur de me choisir pour partager avec eux ce commandement. Quand nous fûmes près des murailles, nous nous cachâmes sous nos armes dans les broussailles et les roseaux d'un marais qui en était voisin. (1)

« La nuit, il s'éleva tout à coup un vent du nord, et il tomba beaucoup de neige qui se gelait en tombant; en un moment nos boucliers furent hérissés de glace. Les autres avaient de bonnes tuniques et de bons manteaux, et dormaient tranquillement les épaules couvertes de leurs boucliers; mais moi j'avais eu l'imprudence de laisser mon manteau dans ma tente ne pensant point que la nuit pouvait être si froide, et j'avais marché avec ma seule tunique et mes armes.

« Vers la troisième veille de la nuit, lorsque les astres commencent à pencher vers leur coucher, je poussai du coude Ulysse, qui était couché près de moi, et je lui dis : Généreux Ulysse, vous pouvez compter que je ne serai pas long-temps en vie, je suis pénétré de froid, car je n'ai point de manteau; un dieu ennemi m'a induit à venir ici en tunique, et voilà un temps auquel il m'est impossible de résister.

« Dans le moment, Ulysse trouva le moyen de me secourir, comme il était homme de grande ressource, et aussi bon pour le conseil que pour les combats. Il élève la voix, et dit : Mes amis, nous voilà fort éloignés de nos vaisseaux, et nous sommes en petit nombre; que quelqu'un aille donc promptement prier Agamemnon de nous envoyer un renfort.

« A ces mots, Thoas, fils d'Andrenon, se lève, jette à terre son manteau de pourpre, et se met à courir. Je pris ce manteau, et m'étant réchauffé, je dormis tranquillement jusqu'au point du jour.

« Plût aux dieux donc que j'eusse encore aujourd'hui la même jeunesse et la même vigueur, et que quelqu'un des bergers qui sont ici me donnât un bon manteau! »

« Bon homme, repartit Eumée, vous nous faites là sur un sujet véritable un apologue très ingénieux; vous avez très bien parlé, et votre discours ne sera pas inutile; vous ne manquerez ni de manteau pour vous couvrir cette nuit, ni d'aucune des choses dont on doit faire part à un étranger qu'on a reçu dans sa maison, et qui a besoin de secours.

« Mais demain dès le matin, vous reprendrez vos vieux haillons, car nous n'avons pas ici plusieurs manteaux de rechange, chacun de nos bergers n'en a qu'un. Quand notre jeune prince sera de retour, il vous donnera des tuniques, des manteaux, et il vous renverra partout où vous voudrez aller. »

En finissant ces mots, il approcha du feu le lit d'Ulysse, il y étendit des peaux de brebis et de chèvres, et Ulysse s'étant couché, il le couvrit d'un manteau très ample et très épais qu'il avait de rechange pour se garantir du froid pendant l'hiver le plus rude.

Les jeunes bergers se couchèrent près de lui; mais Eumée ne jugea pas à propos de s'arrêter là à dormir loin de ses troupeaux, il se prépara pour aller dehors.

Ulysse était ravi de voir les soins que ce bon pasteur prenait de son bien pendant son absence.

Premièrement, Eumée mit sur ses épaules son baudrier d'où pendait une longue épée, il mit ensuite

---

(1) Ce marais et ces roseaux se voient encore aujourd'hui près des sources du Scamandre. Voyez le tableau de ces sources et la carte de la plaine de Troie.

un bon manteau qui pouvait le défendre contre la rigueur du temps, il prit aussi une grande peau de chèvre, et arma son bras d'un long javelot pour s'en servir contre les chiens et contre les voleurs.

En cet équipage, il sortit pour aller dormir près de ses troupeaux, dans une caverne qui leur servait d'abri contre le vent du nord. (1)

A la pointe du jour, Eumée de retour propose le déjeuner, et raconte à Ulysse comment des pirates l'avaient vendu à Laërte.

Pendant ce temps-là, Télémaque, revenant de Pylos, se fait mettre à terre près de la fontaine Aréthuse, et renvoie son vaisseau à la ville. Du lieu de son débarquement, il n'avait que quelques pas à faire pour se rendre à la bergerie ou *stathmos* d'Eumée, sur le rocher du Corbeau. (2)

A peine y est-il entré, qu'Eumée lui saute au cou, lui baise la tête, les yeux et les mains. Bientôt après, Télémaque l'envoie apprendre à la sage Pénélope son heureuse arrivée de Pylos. Eumée s'équipe et se met en route. Il n'a pas plus tôt passé le seuil de la porte qu'Ulysse se fait connaître à son fils, et délibère avec lui sur les moyens d'exterminer les prétendans.

Après qu'Eumée eut exécuté sa commission auprès de la reine, il sort du palais pour retourner à ses troupeaux, et en traversant la colline de Mercure, il aperçut un vaisseau qui rentrait dans le port, et qui paraissait chargé d'hommes armés de lances et de boucliers. C'était le vaisseau des prétendans, qui étaient allés attendre Télémaque dans le golfe de Céphalonie, pour le faire périr à son retour de Pylos.

Eumée en revenant près d'Ulysse et de Télémaque, les trouve préparant leur souper. Ils se mirent tous à table, et quand ils eurent soupé, ils se couchèrent et jouirent des paisibles dons du sommeil.

Le lendemain Télémaque met ses brodequins, et prenant une pique, il se mit en chemin pour se rendre seul à la ville. Ulysse met sur ses épaules une besace toute rapiécée et attachée avec une corde; Eumée lui mit à la main un bâton assez fort pour le soutenir, car le chemin était rude et difficile; ils partent tous deux en cet état pour la ville. Les bergers et les chiens demeurent à la bergerie pour la garder.

Eumée, sans le savoir, conduisait ainsi à la ville son maître et son roi caché sous la figure d'un misérable mendiant et d'un vieillard couvert de méchans habits tout déchirés. Après avoir marché long-temps par des chemins très raboteux, ils arrivent près de la ville, à une fontaine qui avait un beau bassin bien revêtu, et où les habitans allaient puiser de l'eau. C'était l'ouvrage des trois frères Ithacus, Nérite et Polyctor. Près de cette fontaine, un bois de peupliers était arrosé de plusieurs canaux dont la source tombait du haut d'un sur lequel était un autel dédié aux nymphes.

Ce fut là que le roi d'Ithaque fut accablé d'injures, et même frappé par l'insolent fils de Dolius.

Enfin, il parvient avec Eumée aux portes du palais, où il est reconnu par son chien qu'il avait laissé en partant pour Troie, et qui meurt de joie en revoyant son maître après vingt ans d'absence.

Comme Ulysse avait sur les épaules une besace toute rapiécée, et qu'il était déguisé sous la figure d'un misérable vieillard, un célèbre mendiant nommé Irus l'apercevant, veut le chasser de la porte du palais, Ulysse se défend, et ils en viennent tous deux à un combat dont Ulysse sort victorieux.

Sous le même déguisement il est introduit auprès de la reine, et il lui raconte qu'il a vu Ulysse en Crète; il lui fait la description de l'habit qu'il portait, et le portrait du héraut qui l'accompagnait. Pénélope satisfaite, ordonne à ses femmes de le baigner. Sa nourrice, la vieille Euryclée, en lui lavant

---

(1) Cette caverne se voit encore au rocher du *Corbeau*.

(2) Ici le poète est toujours fidèle à la topographie. Télémaque, revenant de Pylos, se fait mettre à terre à la fontaine Aréthuse, renvoie son vaisseau à la ville, et il n'a que quelques pas à faire pour atteindre le stathmos d'Eumée, au rocher du Corbeau.

Édouard Dowdell et sir William Gell ont abordé au même lieu, et ont fait la même route que Télémaque pour arriver de la fontaine Aréthuse au rocher du Corbeau. Voyez la carte d'Ithaque et le Commentaire.

les pieds reconnaît ce prince à la cicatrice de la blessure qu'il avait reçue du sanglier sur le mont Parnasse.

Dans la nuit suivante, Ulysse couche dans le vestibule, voit le désordre qui régnait dans son palais; les poursuivans continuent à l'accabler d'injures et de railleries. La reine, ne pouvant plus éluder leurs poursuites, propose d'épouser celui d'entre eux qui tendrait le premier l'arc d'Ulysse; tous font des tentatives inutiles pour y réussir, mais Ulysse bande l'arc très aisément, et fait passer la flèche dans tous les anneaux. Ici Ulysse, avec le secours de Télémaque et de ses serviteurs fidèles, extermine tous les prétendans, à l'exception du chantre Phémius et du héraut Médon. Il donne ensuite ses ordres pour la punition des femmes coupables qui avaient déshonoré sa maison; celles qui étaient restées fidèles à leur devoir reconnaissent leur maître, et lui donnent toutes les marques de la plus tendre et de la plus respectueuse affection.

Ulysse, avec du feu et du soufre, purifie le vestibule et la salle de son palais, souillés du sang de ses ennemis. Euryclée éveille Pénélope pour lui apprendre le retour d'Ulysse et la mort des prétendans; Pénélope la traite de folle et refuse de la croire. Ulysse se présente deux fois devant la reine, qui s'obstine à ne pas le reconnaître; enfin, il lui fait la description détaillée du lit nuptial qu'il avait construit sur le tronc de l'olivier, et qui ne laisse plus aucun doute dans l'esprit de la reine. Pendant l'heureuse nuit qu'ils passent ensemble, ils s'entretiennent de tous les maux qu'ils ont soufferts; Ulysse lui raconte toutes ses aventures depuis son départ de Troie, et comment, après tant de travaux, il était arrivé chez les Phéaciens, qui, après l'avoir comblé de présens, lui donnèrent un vaisseau et des rameurs pour le ramener dans sa patrie.

Au point du jour, Ulysse se leva, et avant de sortir, il dit à la reine : « Le soleil n'aura pas plus tôt commencé à monter sur l'horizon, que le bruit du carnage que j'ai fait des poursuivans sera répandu dans toute la ville; montez donc à votre appartement avec vos femmes, ne parlez à personne, et ne vous laissez voir à qui que ce soit. Je m'en vais voir mon père à sa maison de campagne, où mon absence le tient encore plongé dans la plus cruelle affliction. »

En finissant ces mots, il prend ses armes, et ordonne à Télémaque et à ses deux pasteurs de s'armer. Ils obéirent dans le moment, et dès qu'ils furent armés, ils ouvrirent les portes et sortirent, Ulysse marchant à leur tête.

Comme le jour ne faisait que commencer à paraître, ils sortent de la ville sans que personne les aperçût. Ils furent bientôt arrivés à la maison de campagne du vieux Laërte (1), et à ses champs cultivés avec soin, la récompense de ses longs et pénibles travaux. Là était sa maison rustique entourée de cabanes, où prenaient leurs repas et jouissaient du repos et du sommeil les serviteurs les plus nécessaires à ses besoins, les seuls qu'il eût gardés, et qui remplissaient leurs fonctions moins encore par devoir que par attachement. La même demeure renfermait une Sicilienne âgée, qui, dans ces champs éloignés, consacrait tous ses soins au vieillard.

C'est là qu'Ulysse, s'adressant à son fils et aux deux bergers : « Entrez, leur dit-il, dans cette maison, et faites les apprêts d'un sacrifice et d'un festin; je vais me présenter à mon père, voir s'il me reconnaîtra, ou si, après une longue absence, je serai étranger à ses yeux. »

En même temps il charge les serviteurs de ses armes. Ulysse arrive dans un verger embelli par la culture la plus assidue, trouve son père sarclant la terre autour d'une jeune plante, vêtu d'une vile tunique souillée de cendre et de poussière, muni de bottines et de gants pour se garantir de la piqûre des buissons, et le front chargé d'un casque fait d'une peau de chèvre : il se plaisait ainsi à nourrir son chagrin dévorant.

---

(1) Voyez la carte d'Ithaque, la vue et la description de cette maison au Commentaire.

A l'aspect de l'infortuné vieillard affaissé par les ans et par le poids de la douleur, l'intrépide Ulysse, immobile, appuyé sur un poirier, fond en larmes; il est prêt à se précipiter dans les bras de son père, à baiser ses cheveux blancs, à lui tout raconter, ses malheurs, son retour, et son entrée dans sa terre natale. Il délibère cependant s'il doit par plusieurs questions le préparer à cette entrevue; il se détermine à le sonder par l'aiguillon du reproche; il s'avance droit vers Laërte, qui, la tête courbée, ne l'apercevait pas, et poursuivait son labeur.

« O vieillard, lui dit-il, j'admire ici votre art et vos soins; tout prospère à votre gré; la figue, la poire, la vigne, l'olive, il n'est aucune plante qui soit dénuée de culture; mais, permettez-moi de vous le dire sans vous offenser, vous seul êtes négligé, comme si ce n'était pas assez de la triste vieillesse dont vous ressentez l'outrage. Ce mauvais traitement ne saurait venir de la part d'un maître, car on voit bien à votre air que vous n'êtes pas né pour servir; vous avez la majesté d'un roi auquel le grand âge permettrait de ne songer qu'à jouir des bains, à goûter le charme des festins, et à dormir sur des tapis moelleux. Mais si la fortune injuste vous a réduit à cette triste servitude, dites-moi quel maître vous servez, et pour qui vous cultivez ce jardin; dites-moi aussi s'il est vrai que je sois dans l'île d'Ithaque, comme vient de me l'assurer un passant qui me semble peu sage, puisqu'il n'a pas daigné m'écouter lorsque je lui demandais des nouvelles d'un homme de ce pays que j'ai autrefois reçu dans ma maison. Je voulais savoir s'il est revenu, et s'il est en vie ou s'il est mort, car je n'ai jamais reçu chez moi un mortel dont je garde un aussi profond souvenir. Il se disait né à Ithaque; il se vantait d'être fils de Laërte, fils d'Arcésius. Je le conduisis dans mon palais, et, croyant ne pouvoir accueillir assez dignement un tel hôte, je lui prodiguai les témoignages de mon amitié, et je multipliai en sa faveur les présens de l'hospitalité. Je lui donnai sept talens d'or, une urne d'argent ciselé, douze manteaux, douze tuniques, autant de tapis et de manteaux précieux, et enfin à son choix quatre captives distinguées par leur beauté et par l'industrie de leurs mains. »

« Étranger, répondit Laërte le visage baigné de larmes, vous êtes dans Ithaque, comme on vous l'a dit; le peuple qui habite cette île est grossier et insolent. Tous vos beaux présens sont perdus, car vous ne trouverez point en vie celui à qui vous les avez faits; s'il était vivant, il répondrait certainement à votre générosité, et en vous recevant chez lui, il tâcherait de ne se pas laisser surpasser en libéralité et en magnificence; mais, dites-moi, je vous prie, sans me rien déguiser, combien d'années y a-t-il que vous avez reçu chez vous mon fils, ce malheureux prince qui n'est plus? car, éloigné de sa patrie, il a été ou déchiré par les bêtes dans quelque campagne déserte, ou dévoré par les poissons dans les goufres de la mer.

« Sa mère et moi n'avons pas eu la consolation de l'arroser de nos larmes, et de lui rendre les derniers devoirs; et sa femme, la sage Pénélope, n'a pu ni lui fermer les yeux, ni lui faire des funérailles honorables : ce qui est le dernier partage des morts.

« Mais vous, ô étranger, apprenez-moi qui vous êtes, quel est votre pays, et quels sont vos parens; où vous avez eu le vaisseau sur lequel vous êtes venu, et où sont vos compagnons. Êtes-vous venu sur un vaisseau étranger pour négocier dans ce pays? Et votre vaisseau, après vous avoir descendu sur nos côtes, s'en est-il retourné? »

« Je satisferai à vos demandes, répondit Ulysse; je suis de la ville d'Alybas, où j'ai ma maison assez connue dans le monde, et je suis fils du roi Aphidas, à qui le généreux Polypémon donna la naissance; mon nom est Épéritus. J'allais en Sicile, mais un dieu ennemi m'a écarté de ma route, et m'a forcé de relâcher sur cette côte; mon vaisseau est en rade sur ces rivages éloignés de la ville.

« Voici la cinquième année depuis qu'Ulysse arriva chez moi, à son retour de Troie, après avoir essuyé beaucoup de malheurs. Quand il voulut partir, il vit voler à sa droite des oiseaux favorables; cet heureux présage me fit un très grand plaisir.

« Je lui fournis avec joie les moyens de retourner dans sa patrie, et nous nous témoignâmes récipro-

Jardins de Laerte.

quement le désir que nous avions de nous revoir, pour cimenter l'hospitalité que nous avions contractée. »

A ces mots, Laërte est enveloppé d'un nuage de tristesse et plongé dans la douleur. Il prend de la poussière brûlante, et la jette à pleines mains sur ses cheveux blancs, en poussant de profonds soupirs et versant des torrens de larmes. Ulysse est ému jusqu'au fond de l'âme; l'œil attaché sur ce père désolé, il ne peut plus se contraindre; il se jette au cou du vieillard, et le tenant étroitement serré dans ses bras, il lui dit : « Mon père, je suis celui que vous pleurez, qui est l'objet de vos cruelles inquiétudes; après une absence de vingt années, je revois enfin ma chère patrie; essuyez donc vos larmes, et cessez vos longs soupirs. Je vous dirai en peu de mots (car le temps presse), que j'ai immolé mes ennemis dans notre palais, vengé nos opprobres, et puni tous leurs attentats. »

« Si vous êtes ce fils si cher, répondit Laërte, donnez-moi un signe certain qui me force à vous croire. »

« Vous n'avez, lui dit Ulysse, qu'à voir de vos yeux cette cicatrice de la plaie que me fit autrefois le sanglier du mont Parnasse, lorsque vous m'envoyâtes, ma mère et vous, chez mon grand-père Anto-lycus, pour recevoir les présens qu'il m'avait promis dans un voyage qu'il fit à Ithaque. Si ce signe ne suffit pas, je vais vous montrer dans ce jardin les arbres que vous me donnâtes autrefois, lorsque, dans mon enfance, je vous les demandais, et que vous me les nommâtes tous en me promenant avec vous. »

A ces signes manifestes, Laërte ému, tremblant, chancelle, et jette ses bras autour de son fils, qui reçoit sur son sein le vieillard évanoui. Après qu'il fut revenu de cette faiblesse, que l'excès de la joie avait causée, et que le trouble de son esprit fut dissipé, il s'écria : « Grand Jupiter! il y a donc encore des dieux dans l'Olympe, puisque ces poursuivans ineptes ont été punis de leurs violences et de leurs injustices.

« Présentement, je crains que les habitans d'Ithaque ne viennent nous assiéger, et qu'ils ne dépêchent leurs émissaires courir de toutes parts pour soulever les villes de Céphalonie. »

« Rassurez-vous, mon père, répond l'intrépide Ulysse; entrons dans votre demeure, où nous trou-verons Télémaque et les deux plus zélés gardiens de mes troupeaux, qui, par mon ordre, préparent en hâte un léger repas; les momens sont précieux, songeons à ranimer nos forces. »

Après cet entretien, ils se rendent vers la maison de Laërte, et en y entrant, ils trouvent Télémaque et les deux pasteurs qui préparaient les viandes, et qui mêlaient le vin dans une urne.

L'esclave Sicilienne baigne son maître Laërte, le parfume d'essence, et lui donne un habit magni-fique pour honorer ce grand jour. Quand le vieillard sortit du bain, son fils fut étonné de le voir si différent de ce qu'il était auparavant; il ne pouvait se lasser de l'admirer, et il lui témoigna sa surprise en ces termes : « Mon père, il faut que les dieux aient fait le merveilleux changement que je vois en votre personne, c'est une marque visible que vous leur êtes cher! »

« Mon fils, reprit le sage Laërte, plût aux dieux que je fusse encore tel que j'étais, lorsqu'à la tête des Céphaloniens, je pris la belle ville de Nérite sur les côtes d'Acarnanie, et que j'eusse pu me trouver avec mes armes au combat que vous donnâtes hier contre les poursuivans, vous auriez été ravi de voir avec quelle force et quelle ardeur j'aurais secondé votre courage! »

Pendant qu'ils s'entretenaient ainsi, on acheva de préparer le dîner; et comme on était prêt de se mettre à table, Dolius arrive du travail avec ses enfans. Dès qu'ils eurent vu et reconnu Ulysse, ils furent dans un étonnement qui les rendit immobiles. Ulysse les voyant en cet état, leur adresse ces paroles pleines de douceur : « O vieillard, mettez-vous à table avec nous, et revenez de votre surprise; il y a long-temps que la faim nous presse de nous mettre à table, nous n'attendions que vous. » Dolius s'assied, ses enfans s'approchant d'Ulysse lui baisent les mains avec respect, et vont s'asseoir à côté de leur père. Tous se livrent à l'allégresse du festin.

Cependant la renommée avait annoncé dans toute la ville la défaite entière des poursuivans, et leur funeste sort. A cette nouvelle, le peuple s'assemble et vient en foule devant le palais d'Ulysse avec des cris horribles et d'effroyables gémissemens.

On emporte les morts; ceux d'Ithaque sont enterrés par leurs parens, et ceux qui étaient des îles voisines, on les donne à des mariniers pour les transporter sur leurs barques, chacun dans leur pays, afin qu'on leur rende les devoirs de la sépulture : après quoi ils se rendent tous à l'assemblée accablés de douleur.

Quand ils furent tous assemblés et que chacun fut placé, Eupeithès, inconsolable de la mort de son fils Antinoüs, qui avait été la première victime d'Ulysse, se leva, et, le visage baigné de larmes, il dit : « Mes amis, quel horrible carnage Ulysse vient-il de faire des Grecs. A son départ, il a emmené nos meilleurs vaisseaux et l'élite de notre plus brave jeunesse, et il a perdu toute cette belle jeunesse et tous nos vaisseaux. Non content de nous avoir causé toutes ces pertes, il a tué tous les plus braves des Céphaloniens; dépêchons donc avant qu'il ait le temps de se retirer à Pylos ou en Élide chez les Épéens, allons l'attaquer et le punir, le temps presse; si nous le laissons échapper, nous passerons toute notre vie dans l'humiliation; nous n'oserons lever la tête, et nous serons l'opprobre des hommes jusqu'à la dernière postérité, car voilà une honte qui ne sera jamais effacée pour moi; si nous ne vengeons la mort de nos enfans et de nos frères, je ne puis plus souffrir la vie, et je prie les dieux de me faire descendre dans les enfers. Mais allons, marchons tout à l'heure, de peur que la mer ne les dérobe à notre ressentiment. »

Il accompagna ces paroles d'un torrent de pleurs, et les Grecs, touchés de compassion, ne respiraient déjà que la vengeance, lorsque le héraut Médon et le chantre Phémius, sortis du palais d'Ulysse après leur réveil, arrivèrent et se placèrent au milieu de l'assemblée. Tout le peuple, saisi d'étonnement et de respect, attendait dans le silence ce qu'ils venaient annoncer. Le sage Médon leur dit en peu de mots : « Peuple d'Ithaque, pesez bien ce que j'ai à vous dire, et sachez *qu'Ulysse n'a pas exécuté ces grandes choses sans la volonté des dieux......* »

Le héros Halithesse, fils de Mastor, qui avait seul la connaissance du passé, du présent et de l'avenir, parla après Médon, et, *plein d'affection pour le peuple,* il lui cria : « Peuple d'Ithaque, écoutez aussi attentivement ce que j'ai à vous déclarer. Mes amis, c'est par votre injustice que tous ces maux sont arrivés, vous n'avez jamais voulu écouter mes remontrances, ni déférer aux conseils de Mentor, lorsque nous vous pressions de faire cesser les insolences de vos enfans, qui, par leur folie et leur intempérance, commettaient des désordres inouïs, dissipant les biens d'un des plus braves princes de la Grèce, et manquant de respect à sa femme, dans l'espérance qu'il ne reviendrait jamais. Soyez donc aujourd'hui plus raisonnables, et suivez mes avis. N'allons point où Eupeithès veut nous conduire, de peur qu'il n'arrive à quelqu'un quelque grand malheur, qu'il se sera attiré lui-même. »

Halithesse parla ainsi, et plus de la moitié du peuple, effrayé de ses menaces, se retira avec de grands cris. Le reste demeura dans le lieu de l'assemblée, ne voulant ni croire aux paroles de Médon, ni suivre les avis d'Halithesse; et, donnant aveuglément dans la passion d'Eupeithès, ils courent aux armes, et ils s'assemblent en foule devant les murailles de la ville. Eupeithès, emporté par son ressentiment, se met à leur tête; il pensait venger son fils, mais, au lieu de le venger, il allait le suivre.

Après que les trois princes, Laërte, Ulysse et Télémaque, eurent achevé leur repas avec leurs bergers, Ulysse, prenant la parole, leur dit : « Que quelqu'un sorte pour voir si nos ennemis ne paraissent point. » Un des fils de Dolius sortit à l'instant; il eut à peine passé le seuil de la porte, qu'il vit les ennemis déjà fort près, et, s'adressant à Ulysse, il cria : « Voilà les ennemis sur nous, prenons promptement nos armes! »

Il dit, et toute la famille s'arme, Ulysse, Télémaque, Eumée, Philœtius et les six fils de Dolius. Laërte et Dolius prirent aussi les armes, quoique accablés par le poids des ans; mais la nécessité réveillait leur courage et les rendait soldats. Dès qu'ils furent armés, ils ouvrent les portes et sortent fièrement. Ulysse marche à leur tête, et, se tournant vers Télémaque, il lui dit :

« Mon fils, voici une de ces occasions où les braves se distinguent et paraissent ce qu'ils sont; vous n'avez certainement pas dégénéré de vos ancêtres, dont la valeur est célèbre dans l'univers. »

« Mon père, répondit Télémaque, vous allez voir tout à l'heure que je ne vous ferai point rougir, ni vous ni Laërte, et vous allez reconnaître votre sang. »

Laërte, ravi d'entendre ces paroles pleines d'une si noble fierté, s'écrie : « Grands dieux! quel beau jour pour moi, je vois de mes yeux mon fils et mon petit-fils (1) disputer de valeur et se montrer à l'envi dignes de leur naissance. » En finissant ces mots, il lance un javelot, qui va donner d'une extrême roideur au milieu du casque d'Eupeithès.

Ce casque ne peut soutenir le coup, le fer mortel le perce et brise le crâne d'Eupeithès. Ce vieillard tombe mort à la tête de ses troupes, et le bruit de ses armes retentit au loin.

Alors Ulysse et son généreux fils se jettent sur les premiers rangs, les rompent, et à coups d'épée et de lance ils sèment de morts le champ de bataille; le peuple, saisi de frayeur, jette ses armes et reprend, en se sauvant, le chemin de la ville. Ulysse vole après eux avec la rapidité de l'aigle, et il ne serait pas échappé un seul de ces rebelles, si la voix conciliante du sage Mentor n'avait calmé, pour l'instant, la juste colère d'Ulysse.

CHAPITRE XXX.

ULYSSE EST FORCÉ DE QUITTER ITHAQUE; IL CONTINUE SES VOYAGES ET SES EXPÉDITIONS.

Lorsque Ulysse se fait connaître à Pénélope, cette chaste épouse le serre dans ses bras et ne se rassasie point de l'embrasser; Ulysse, de son côté, pleure de joie en serrant contre son cœur cette épouse fidèle et chérie; enfin il rompt le silence, et lui dit : « Chère Pénélope, nous ne sommes point arrivés au terme de nos longues disgrâces, l'avenir me réserve encore de tristes et pénibles travaux que je dois accomplir. »

« Je te suivrai, dit Pénélope, partout où tu le désireras, puisque les dieux t'ont ramené dans ta patrie et dans ton palais. Toutefois ne puis-je connaître les revers que tu dois combattre encore? Je pense qu'ils ne me seront pas toujours cachés; j'ai le courage de vouloir les apprendre en ce moment. »

« Infortunée, lui répondit Ulysse, pourquoi m'obliger à te révéler cet oracle? Tu le veux, je vais te satisfaire, tu partageras le chagrin qui trouble ma joie.

« L'aviron en main, je dois parcourir encore la terre, jusqu'à ce que j'arrive chez un peuple auquel la navigation soit inconnue, et qui n'assaisonne point de sel ses alimens, qui n'ait jamais vu une proue colorée, ni des rames, ces ailes des vaisseaux.

« Voici le signe qui seul bornera ma longue course.

« Il faut qu'un passant dise, à l'aspect du large aviron qui chargera mon épaule : *c'est le van de Cérès*

---

(1) Cette magnifique scène s'est renouvelée dans les guerres de la révolution française. Trois générations de l'illustre famille de Bourbon combattaient ensemble aux lignes de Weissembourg. C'est à l'attaque de ces lignes formidables que le vieux prince de Condé, le vainqueur de Friedberg, ayant à ses côtés le duc de Bourbon et l'infortuné duc d'Enghien, s'écria, comme le vieux roi d'Ithaque : « Grand Dieu! quel beau jour pour moi! je vois de mes yeux mon fils et mon petit-fils se montrer dignes de leur naissance. »

Il ne reste plus de ces trois princes que le prince de Condé actuel, qui fut blessé à cette bataille. (*Note de l'Auteur.*)

Alors j'enfonce l'aviron dans le sein de la terre; j'immole à Neptune un bélier, un cochon, un taureau, et je retourne dans ma demeure. Je fais ruisseler le sang des hécatombes en l'honneur de tous les immortels, selon les rangs dont ils sont honorés dans l'Olympe. Le dieu des mers n'étant plus irrité contre moi, j'exhalerai doucement le souffle de la vie, loin des tempêtes, après qu'une heureuse vieillesse m'aura, par degrés, conduit au tombeau; et en mourant, je verrai autour de moi mes peuples jouir de la félicité : voilà ce que je dois attendre de l'avenir. »

En effet, d'après ce que dit Plutarque, la sédition élevée contre Ulysse par les familles puissantes de son royaume ne fut pas entièrement apaisée par son dernier combat. Cependant les deux partis, fatigués à la longue de leurs querelles, eurent recours à la médiation du fils d'Achille. Le vaillant Néoptolème fut choisi pour arbitre entre le roi d'Ithaque et ses séditieux sujets; ce héros prononça un jugement plus remarquable sans doute par sa politique profonde que par son équité.

Il décida, avant tout, que Télémaque prendrait les rênes du gouvernement; qu'Ulysse, en expiation du sang répandu, sortirait du pays et se bannirait d'Ithaque, de Zante et de Céphalonie jusqu'à ce qu'il fût purgé des homicides par lui commis; il condamna en même temps les parens et les amis des morts à payer à Ulysse une somme annuelle, en dédommagement des désordres qu'ils avaient commis dans son palais pendant son absence.

Ulysse donc se retira en Italie, et, après avoir consacré le tribut annuel que ceux d'Ithaque étaient condamnés à lui payer, il le transporta à son fils Télémaque; c'était de la farine, du vin, de l'huile, etc. On donna la liberté à Eumée, avec le droit de bourgeoisie, et c'est de lui que sont descendus les Koliades, comme de Philœtius sont descendus les Bucoliens.

Cette tradition du véridique Plutarque peut être mise au rang des vérités historiques, et il est très vraisemblable que ce fut à cette époque qu'Ulysse entreprit de nouvelles expéditions dans l'Océan.

Hercule et les Phéniciens en avaient déjà franchi les portes et lui avaient ouvert, suivant Diodore, les routes de l'Afrique et du pays des Celtes.

On compte quatre écrivains qui ont reconnu la vérité des expéditions d'Ulysse, ainsi que de ses courses dans les eaux de l'Océan.

« Je pense, dit Strabon, que l'histoire de l'expédition d'Ulysse dans ces contrées a fourni l'idée de l'*Odyssée*, dont le fond, appuyé sur des faits comme celui de l'*Iliade*, a été embelli par des fictions, suivant l'usage des poètes.

« En effet, ce n'est pas seulement en Italie, en Sicile et dans quelques endroits voisins, qu'on trouve des traces des choses rapportées dans ce poëme; on en rencontre jusque dans l'Ibérie, où l'on voit encore une ville nommée *Ulyssea* (1), un temple de Minerve et mille autres vestiges des erreurs d'Ulysse et des différens héros qui échappèrent au siége de Troie, également funeste aux Troyens et à leurs vainqueurs.

Pomponius Méla fait aussi mention de la ville d'Ulysse.

Claudien confirme le voyage d'Ulysse aux confins de la Gaule.

> Est locus extremum quo pandit. Gallia littus
> Oceani portentus aquis quo fertur Ulysses, etc.

« Il y a des gens, dit Tacite, qui prétendent qu'Ulysse, dans le cours de ses longs voyages dont les poètes ont débité tant de merveilles, fut poussé sur les côtes de la Germanie, entra dans les terres

---

(1)
> E tu, nobre Lisboa, que no mundo
> Facilmente das outras es princesa,
> Que edificada foste da facondo
> Per cuyo engano foi Dardania accesa.

(*Lusiade*, chant III, strophe 57.)

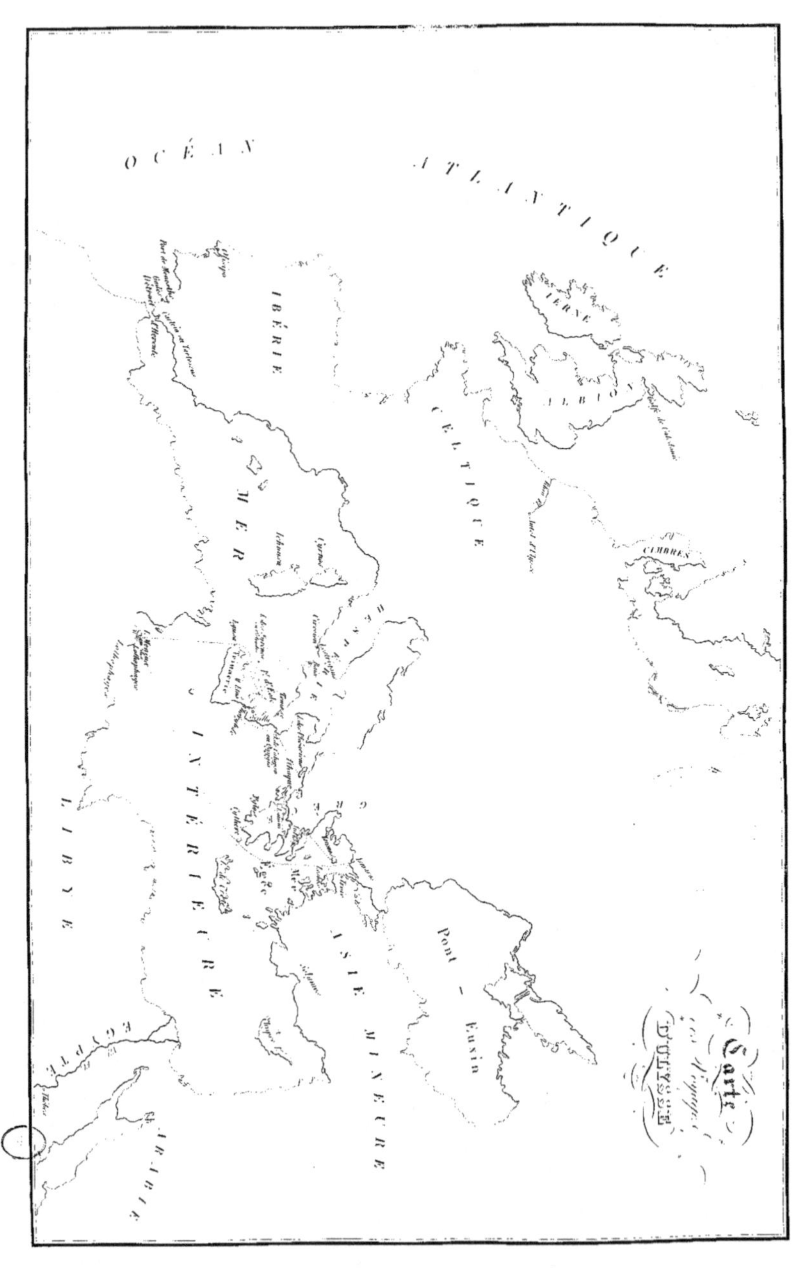

OCÉAN
ATLANTIQUE
IBÉRIE
CELTIQUE
IERNE
ALBION
CIMBRES
MER
LIBYE
ÉGYPTE
ARABIE
INTÉRIEURE
ASIE MINEURE
Pont - Euxin
Carte
du Voyage
D'ULYSSE

et bâtit, au bord du Rhin, la ville qui porte le nom d'Asciburgium ; ils ajoutent qu'autrefois on a découvert dans ce même lieu un autel où se lisait le nom d'Ulysse, fils de Laërte.

« Je n'ai dessein ni d'appuyer, ni de combattre ces faits, chacun peut suivre son goût et les rejeter ou les croire. »

Solin ne se borne pas à nous apprendre qu'Ulysse avait fondé une ville de son nom en Ibérie, il assure, de plus, que de son temps on montrait encore en Écosse un monument consacré à ce héros.

Ce monument, conservé intact pendant tant de siècles par les Écossais, montre l'impression profonde qu'avait causée chez eux l'apparition d'Ulysse.

S'il était vrai que les peuples d'Albion fussent ceux-là même que Tirésias dépeignait à Ulysse comme ignorant alors *l'art de naviguer, et de saler leurs viandes ;*

S'il était vrai qu'Ulysse *planta sa rame* sur leurs rivages, et qu'ils commencèrent dès-lors à couvrir l'Océan de leurs vaisseaux et l'univers entier de leurs admirables colonies ;

S'il était vrai, enfin, qu'après plus de trente siècles ces mêmes peuples, d'accord avec les Français et les autres nations de l'Europe, viennent tendre une main secourable à la Grèce malheureuse et lui rendre la religion divine et toutes les sciences humaines qu'ils ont reçues d'elle, combien de grâces ne faudrait-il pas rendre à Dieu pour leur avoir inspiré une si généreuse reconnaissance.

FIN DE LA VIE D'ULYSSE.

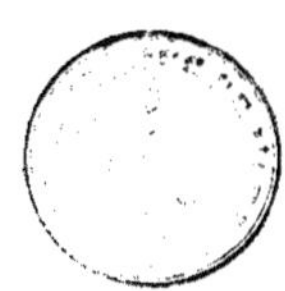

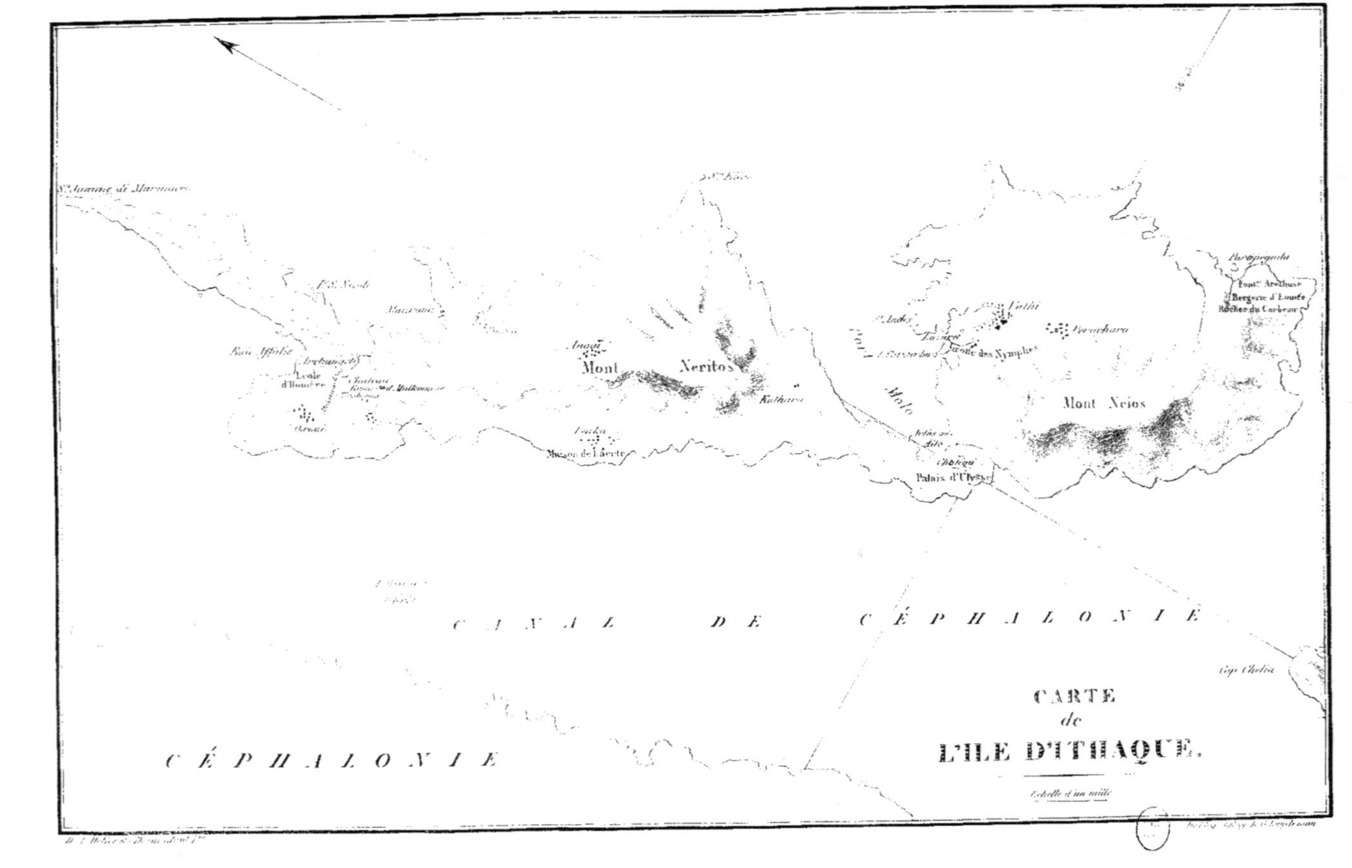
Pl. IV.
S.te Maure di Marmora
F.t S.t Nicolo
Macarone
Baie Afhales
Archangelo
Ecole d'Homère
Château Royal d'Ulisse et Polyctenes
Oxoai
Anoï
Mont Neritos
Leuka
Maison de Laerte
Kathara
S.t Andes
Taxiae
L'Escorbas
Grotte des Nymphes
Vathi
Vernichara
Port
Molo
Islas ou Isle
Château
Palais d'Ulysse
Mont Neios
Paragnacha
Font.ne Aréthuse
Bergerie d'Eumée
Rocher du Corbeau
Cap Chelia
CANAL DE CÉPHALONIE
CÉPHALONIE
CARTE
de
L'ILE D'ITHAQUE.
Echelle d'un mille

COMMENTAIRE
SUR LA VIE D'ULYSSE,

OU

JOURNAL DES VOYAGES CONSACRÉS A LA RECHERCHE DU VÉRITABLE AUTEUR
DE L'ILIADE ET DE L'ODYSSÉE.

On sait qu'au temps de Plutarque, il y avait dans l'île d'Ithaque deux familles qui descendaient des principaux gardiens des bergeries d'Ulysse. L'une portait le nom de *Koliades*, et croyait descendre d'Eumée; l'autre s'appelait *Boukolos*, et se disait issue de Philœtius.

Mon père, Spiridion Koliades, prétendait que la famille des Boukolos était éteinte depuis long-temps, et en effet, leur nom était tout-à-fait inconnu dans l'île; mais il assurait que celle des Koliades était parvenue jusqu'à lui, et conséquemment qu'il descendait en ligne directe, par Eumée, des rois de Scyros. Qu'y aurait-il après tout d'extraordinaire, quand on trouverait encore aujourd'hui à Ithaque des descendans des souverains de Scyros, puisqu'on trouve encore à Venise des descendans des empereurs Justinien, Galba, et dans le phanar de Constantinople, des Comnènes, des Cantacuzènes, des Paléologues, et d'autres nobles familles issues des princes du Bas-Empire?

Ayant perdu ma mère à l'âge de dix ans, je devins pour mon père un objet d'affection d'autant plus cher, que j'étais l'unique rejeton de la famille des Koliades. Aussi, pour se livrer tout entier à mon éducation, il sollicita du gouvernement vénitien, la retraite qu'il avait méritée par trente ans de bons et loyaux services sur les galères et autres vaisseaux de la république.

Avec la pension de six sequins par mois, et le modique revenu de quelques journaux de vignes et d'oliviers qu'il possédait sur le rivage occidental de l'île, il espérait de trouver les moyens de m'entretenir un jour dans une des universités d'Italie; mais avant de m'y envoyer, il voulut m'enseigner lui-même les élémens de la littérature grecque, dans laquelle il était assez versé.

Le premier livre qu'il me mit dans les mains, fut *l'Odyssée* d'Homère, et à chaque vers de ce poème que nous lisions ensemble, il ne manquait pas de me faire observer les rapports nombreux de l'ancienne langue de nos aïeux avec celle qu'on parle dans notre île, dans toutes celles de la Méditerranée, et jusqu'à l'extrémité du Pont-Euxin.

Lorsqu'il me jugea suffisamment instruit pour bien comprendre les vingt-quatre chants de *l'Odyssée*, il entreprit de me faire étudier avec lui tous les objets qui rappellent le souvenir d'Ulysse et son séjour dans l'île d'Ithaque. Mais, me dit-il, afin de procéder avec méthode dans nos observations, nous les commencerons au sommet du mont Nérite, de là nous descendrons à la grotte des Nymphes, et nous suivrons ensuite notre héros depuis le moment où les matelots phéaciens le déposent à la *grotte des Nymphes*, jusqu'à son dernier combat avec les prétendans, et nous partagerons cet agréable voyage en autant de leçons qu'il se présentera d'objets intéressans sur notre route.

En effet, nous nous rendîmes d'abord au sommet du *mont Nérite*, d'où nous pouvions étudier à vol d'oiseau notre chère Ithaque dans toute l'étendue de son territoire

L'île que nous avons sous les yeux, me dit-il, a vingt-quatre milles de longueur du nord au sud (8 lieues), et environ quatre milles dans sa plus grande largeur (1 lieue et demie); sa population est d'environ douze mille habitans. On y compte huit ports de différentes grandeurs, dont le principal conserve de nos jours le nom de *Vathi* (Βαθύς), épithète que lui donne l'auteur de *l'Odyssée*.

Voilà les deux promontoires qui, se courbant l'un vers l'autre, dit Homère, *en forment l'entrée et en repoussent les vagues. Les vaisseaux qu'on aperçoit dans son enceinte y sont à l'abri des vents, et y restent immobiles sans être retenus par aucun lien.*

Ce tableau du port d'Ithaque a tellement frappé le célèbre voyageur Dodwell, qu'il a cru devoir le copier textuellement dans son excellent *Voyage de Grèce*.

Du sommet du mont Nérite nous descendions à la grotte des Nymphes.

Quand Strabon veut prouver que la face des lieux décrits par Homère était fort changée, il cite pour exemple la grotte des Nymphes dans l'île d'Ithaque, dont il assure qu'il ne restait plus aucune trace de son temps.

En s'exprimant ainsi, le géographe fait entendre que la description de cette grotte ne devait point être regardée comme une fiction, mais qu'il existait réellement au temps d'Homère une grotte de ce nom dans l'île d'Ithaque.

En effet, le baronnet anglais sir William Gell, en a découvert les ruines, et a montré clairement que Strabon s'était trompé en disant qu'elle était détruite.

« Nous arrivâmes, dit sir William, à l'embouchure d'une petite baie nommée *Dexia*, parce qu'elle se trouve située à main droite en entrant dans le port Vathi.

« La baie de Dexia a la forme d'un fer à cheval; elle s'incline vers la mer par une pente graduelle et tellement insensible, que les bateaux peuvent y être tirés à sec sans aucune difficulté: circonstance d'autant plus remarquable qu'il existe très peu de rivages sablonneux dans cette île.

« Le toit de cette caverne a été détruit depuis long-temps, et les pierres en ont été employées aux constructions de la ville de Vathi.

« Les vieillards de l'île l'appellent la *Caverne de la Droite*, et se souviennent d'en avoir vu le toit encore entier. Sa longueur est d'environ soixante pieds, et sa largeur de trente; les décombres dont elle est jonchée empêchent qu'on ne puisse en découvrir la partie inférieure, mais il paraît qu'elle doit atteindre à peu près le niveau de la mer; les parties latérales de la grotte ont été taillées à pic.

« On y entrait par le nord et par le sud, mais la première de ces entrées était plus étroite, et d'un accès plus difficile que la seconde. »

A gauche de cette entrée, on aperçoit encore aujourd'hui deux bassins peu éloignés l'un de l'autre, et au-dessus de ces bassins, quelques petits canaux qui paraissent avoir servi à y conduire l'eau, car quelques uns sont encore incrustés de stalagmites; les autres, ce qui est véritablement très remarquable, servent encore aujourd'hui de retraite aux abeilles.

Ενθαδ' επειτα τιθαιβωσσκσι μελισσαι.

Notre seconde excursion fut dirigée vers la fontaine Aréthuse et le rocher du Corbeau.

Nous nous y rendîmes, comme Ulysse, de la grotte des Nymphes à travers des collines couvertes de bois, et par un chemin très raboteux.

La fontaine Aréthuse est située dans la partie méridionale de l'île, à une heure de distance du port Vathi, par la route de la montagne.

Sa source limpide jaillissant d'un rocher, tombe dans un bassin de quatre pieds de profondeur, fermé d'un mur à travers lequel elle coule dans une auge où les troupeaux viennent s'abreuver comme au temps d'Eumée.

Fontaine Aréthuse et Rocher du Corbeau à Ithaque.

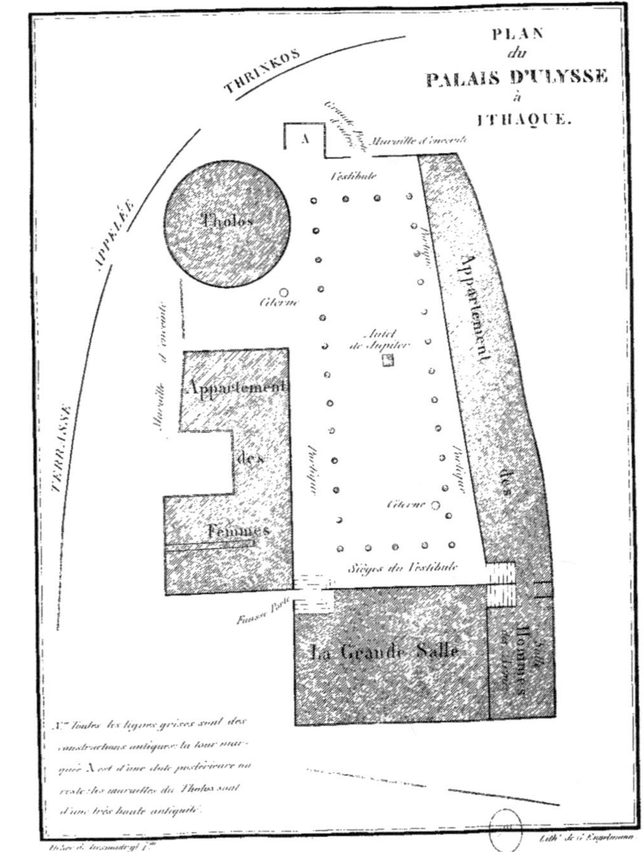
PLAN
du
PALAIS D'ULYSSE
à
ITHAQUE.
THRINKOS
APPELÉE
TERRASSE
Tholos
A
Grande Porte d'entrée
Muraille d'enceinte
Vestibule
Citerne
Appartement
des
Portique
Portique
Autel de Jupiter
Portique
Portique
Citerne
Appartement
des
Femmes
Muraille d'enceinte
Sièges du Vestibule
Fausse Porte
La Grande Salle
Salle Hommes des Armes
N.B. toutes les lignes grises sont des
constructions antiques; la tour mar-
quée A est d'une date postérieure; au
reste les murailles du Tholos sont
d'une très haute antiquité.
Dessiné d. Incomatrofi f.
Lith. de G. Engelmann

Παρα κορακος πετρη επι τε κρηνη Αρεθυση
Εθυσαι βαλανον μενοεικεα και μελαν υδωρ
Πινυσαι, τα δ' υεσσι τρεφει πεταλιναν αλοιφην.

Au-dessus de cette source, un agréable paysage s'étend jusqu'au pied d'un rocher très escarpé, dont le nom moderne *Korax* rappelle exactement, et sans aucune altération, celui que le poète lui donne dans son *Odyssée*.

C'est sur le sommet du Korax que les bergers d'Ithaque placent leurs bergeries, comme Eumée y avait placé les siennes.

C'est de là que mon père me faisait apercevoir sur le rivage voisin, l'endroit où Télémaque aborda en revenant de Pylos; et où, après avoir recommandé le devin Théoclymène à son ami Pyrée, il ordonne à ses compagnons de ramener son vaisseau à la ville, et se met en chemin pour aller visiter ses troupeaux, sur lesquels le bon Eumée, toujours plein d'affection pour ses maîtres, veillait avec autant de soin que de fidélité.

De la fontaine Aréthuse et du rocher Korax, mon père me ramena aux ruines cyclopéennes de la ville et du palais d'Ulysse au mont *Aïto*.

Cette troisième excursion exigeait une explication beaucoup plus détaillée et plus difficile que les deux premières, aussi mon père m'y avait-il préparé de longue main par l'étude la plus sérieuse et la plus approfondie du dix-septième chant de *l'Odyssée*, comparé avec la description et le plan topographique du palais d'Ulysse, dressé par le baron Gell.

Les ruines de la ville et du palais d'Ulysse, situées sur l'éminence d'*Aïto*, sont de la même espèce que celles d'Argos, de Tyrinthe et de Mycènes.

Pausanias, qui regardait avec raison celles-ci comme les monumens les plus anciens de la Grèce, les a attribuées aux Cyclopes, et tous les antiquaires qui lui ont succédé, ont adopté cette dénomination mythologique. Ne serait-il pas plus raisonnable de les distinguer par la dénomination de *monumens égyptiens*, puisqu'ils offrent partout le style et le caractère de l'Égypte, et qu'ils remontent évidemment d'ailleurs à l'époque où les arts de l'Égypte ont été portés par les Phéniciens, non seulement dans la Grèce, mais dans la Sicile, en Italie, et peut-être jusqu'en Ibérie.

Le palais d'Ulysse avait en avant une large plate-forme, qui le distinguait aisément des autres édifices dont il était entouré.

Il était ceint d'une haute muraille appelée Τειχος ερχιος, dans laquelle étaient placées des portes bien travaillées.

Il y avait, à l'entrée principale, un monceau de fumier qu'on y avait placé en attendant que les laboureurs vinssent l'enlever pour fumer les terres. Ce mélange de grandeur et de malpropreté forme encore aujourd'hui, comme alors, le caractère le plus frappant des grandes maisons de la Grèce et de la Turquie.

C'est sur ce tas de fumier qu'était couché le fidèle Argus, et qu'il mourut de joie en revoyant son maître après vingt années d'absence.

Comme le palais d'Ulysse s'élevait sur la pente de la montagne, la plate-forme qui était en avant était une sorte de terrasse, et il est probable que le θριγχος, que quelques traducteurs ont appelé une haie, était une muraille ou parapet qui en formait l'enceinte.

Au milieu de la vaste cour du palais on voyait un autel consacré à Jupiter, et l'on voit encore aujourd'hui, aux deux extrémités de cette cour, les ruines des deux citernes.

Il est clair que le palais était situé sur le point le plus élevé de la montagne puisque les prétendans pouvaient apercevoir de là le vaisseau qu'ils avaient envoyé pour attaquer Télémaque au moment où il entrait dans le port.

On entrait dans ce palais par une porte à deux battans, qui devait être d'une largeur suffisante pour laisser un libre passage aux voitures. On pénétrait d'abord dans un portique ou péristyle qui faisait le tour d'une vaste cour appelée αυλη, autour de laquelle étaient rangés les chambres ou appartemens du palais.

La porte devait être couverte d'une voûte sonore; car il est souvent mention dans le poëme du bruit dont elle retentissait. Elle se fermait avec une serrure et une chaîne, et non pas une corde, comme le veulent la plupart des traducteurs. Les bestiaux destinés aux provisions du palais étaient attachés aux piliers rangés à droite et à gauche de la porte. Le vestibule, ou le πρόδρομος, était à l'entrée du palais. C'est là qu'Ulysse était couché lorsqu'il méditait la ruine des prétendans.

Nous trouvons ces mots πρόδρομος et αιθουσα εριδουπος employés pour exprimer la partie de la maison où les étrangers reposaient. Ce mot αιθουσα peut aussi quelquefois signifier une galerie supérieure dans laquelle on plaçait les hôtes de distinction. Ainsi Télémaque et Pisistrate, chez Ménélas, couchent dans l'αιθουσα, tandis que l'on plaçait dans le πρόδρομος les étrangers d'une moindre importance, et peut-être même les mendians, comme Ulysse déguisé. Il n'est pas présumable, malgré la simplicité des mœurs de ce temps-là, que les étrangers de distinction aient été mêlés et confondus avec les cochons, les chèvres et les brebis destinés pour le repas du lendemain; et comme il n'y avait cependant d'autre moyen de loger les hôtes et les animaux sous le même toit, il fallait bien qu'il y eût un étage supérieur pour les hôtes distingués. La coutume de dormir dans une galerie au-dessus des étables d'animaux est encore aujourd'hui très commune dans les grandes maisons de la Grèce et de la Turquie.

Un côté de la grande cour était occupé par le θαλαμος, ou appartement des hommes, pendant que celui des femmes était du côté opposé, et séparé du reste de la maison par des portes dont la nourrice d'Ulysse avait la surveillance, en sorte que les femmes, quoique alarmées par les cris des prétendans, ignoraient totalement ce qui pouvait les occasionner.

Sur le quatrième côté du palais était la salle du banquet, dont la porte s'ouvrait sur la cour. Cette partie du péristyle, qui était désignée souvent sous le nom de δημος, était appelée πρόθυρον. C'est dans cette partie qu'étaient les siéges sur lesquels les prétendans étaient placés pour prendre l'air et jouir des spectacles athlétiques qui avaient lieu dans la cour. Il est remarquable que ce soit au même endroit que les prétendans s'assemblaient pour jouer aux dés sur des peaux de bœufs, et pour voir le combat d'Irus et d'Ulysse.

Du vestibule, on entrait dans la grande salle, en passant par un seuil de *pierre* qui devait être beaucoup plus élevé que le plancher de la chambre, puisque Ulysse paraît avoir tiré un avantage considérable de la possession de ce seuil pendant son combat avec les prétendans dans l'intérieur de la porte. Le palier était d'une construction différente, car il est dit qu'il était d'une espèce de bois appelé μελινος, en sorte qu'il est probable que ce qu'on appelle dans *l'Odyssée* le seuil, consistait en quelques degrés en pierre pour arriver du vestibule à la porte, avec un repos assez large pour contenir quatre personnes, et d'où l'on pouvait descendre sur le plancher de la salle.

La salle devait être d'une grande dimension, car elle contenait un grand nombre de convives. On en nomme d'abord vingt-quatre assis ensemble dans la salle, et si tous les prétendans étaient rassemblés, ils se montaient à cent huit, sans compter les nombreux domestiques qui leur étaient nécessaires, en sorte que cette salle devait contenir près de deux cents personnes.

Dans la muraille extérieure de la salle, et à une de ses extrémités, il y avait une fenêtre ou fausse porte qui donnait dans la rue, et par où la voix pouvait se faire entendre des habitans de la ville, cette porte se fermait par le moyen d'un verrou ou d'un fort volet construit pour cet objet.

Cette ouverture ne devait pas être éloignée de l'entrée principale de la grande salle, puisque Ulysse était auprès du fidèle Eumée lorsqu'il lui ordonna de la bien garder.

De cette distribution bien comprise, il s'ensuit que la principale porte de la salle d'où Ulysse lançait des flèches contre ses ennemis, ne se trouvait pas au milieu de la muraille, mais à l'un des angles.

Au fond de la salle, du côté opposé, il y avait un escalier qui conduisait aux chambres d'Ulysse θαλαμοι, et en particulier à celle où étaient gardées les armes.

Cette chambre, outre sa communication avec la salle du banquet, en avait une seconde avec la cour. C'est par cette seconde porte que Télémaque descendit de la salle d'armes, lorsque, dans sa précipitation, il oublia de fermer la première, et se contenta sans doute en descendant de fermer celle qui donnait sur la cour; car, si par malheur il l'avait laissée ouverte, quelques uns des prétendans n'auraient certainement pas manqué de venir attaquer Ulysse par la cour, pendant que les autres combattaient du fond de la salle.

Il y avait quelque degré d'élégance et de splendeur dans l'ameublement de cette salle; Télémaque fait asseoir Minerve sur un siége couvert d'un beau tapis de différentes couleurs, et qui avait un marche-pied bien travaillé; les tables étaient nettoyées avec soin, cependant les armes et les plafonds étaient noircis par la fumée.

Les armes d'Ulysse étaient ou suspendues sur des poutres, ou placées contre des piliers qui paraissaient avoir soutenu le plafond.

Il est difficile de déterminer si ces piliers étaient de bois ou de pierre; il est cependant bon d'observer qu'Ulysse emploie le mot κιων comme terme de comparaison, lorsqu'il parle du tronc d'olivier dont il avait formé son lit nuptial.

Les boucliers et les armes défensives étaient suspendus contre les murailles de la salle.

Comme les lances de la famille et des hôtes étaient placées de manière à être appuyées contre un pilier, plusieurs ont supposé que la salle était décorée d'une colonnade régulière, cannelée et taillée suivant les règles de l'architecture, et conséquemment d'ordre dorique. Cette idée peut avoir eu son origine dans ce qui a été dit sur l'invention de la cannelure des colonnes chez les anciens; ornement qui a pu servir d'abord pour recevoir les lances des hôtes qui entraient dans la maison. Cependant le poëte ne fait mention que d'une seule colonne dans la salle d'Ulysse, et qui probablement servait à soutenir le plafond. Il n'est cependant pas impossible qu'il y eût plusieurs de ces piliers, d'autant que la salle était d'une grandeur considérable.

Il est certain que les poutres étaient ornées.

Il y avait aussi un endroit d'où Pénélope, sans être vue des prétendans, pouvait voir et entendre tout ce qui se passait dans la grande salle.

On ne fait mention d'aucune fenêtre dans cette salle, et même au dix-huitième chant, vers 398, et dans d'autres endroits, on dit que la maison était obscure. Après le coucher du soleil, le feu paraît avoir servi pour échauffer et éclairer, quoiqu'on parle souvent de torches pour traverser la cour.

La chambre nuptiale d'Ulysse et de Pénélope ne paraît pas avoir été occupée par la reine pendant l'absence de son époux; Pénélope habitait la partie supérieure de la maison, car elle montait à sa chambre en sortant du thalamos nuptial, lequel thalamos ne devait pas être fort élevé au-dessus du rez-de-chaussée, car on ne parle point d'escalier, et la reine, pour y monter, passait seulement sur un seuil de chêne.

Le lit nuptial était supporté par un tronc d'olivier qu'Ulysse avait orné d'or et d'ivoire. (1)

Il est assez naturel de conclure que la chambre où était conservé l'arc d'Ulysse, était le principal thalamos de la maison, non seulement parce qu'il renfermait les armes du maître, mais aussi d'après la sensibilité que sa vue excitait dans l'âme de Pénélope.

Le palais d'Ulysse contenait aussi un bain, car le bain est souvent mentionné dans *l'Odyssée*, et il y avait aussi un moulin à blé près de la maison, dans lequel douze femmes étaient employées.

---

(1) Il faut convenir que si le tableau du lit nuptial fait reconnaître Ulysse comme le mari de Pénélope, ce même tableau, joint à celui du palais, le fait aussi reconnaître pour l'auteur du poëme. (*Note de l'Éditeur.*)

Il y avait un bâtiment situé dans la cour de la maison, appelé *tholos*, dont l'usage n'est pas mentionné dans le poëme; entre ce bâtiment et la muraille de la cour, il y avait un petit espace dans lequel les concubines des amans furent mises à mort par les ordres d'Ulysse.

Le tholos ne paraît pas avoir été différent de ces édifices qui, dans des temps *postérieurs*, et dans *d'autres* pays de la Grèce, ont été appelés du même nom.

Le scholiaste observe que c'était un édifice circulaire, et Homère confirme cette idée.

Il y avait un *tholos* de marbre blanc et de figure circulaire dans le bois d'Esculape, près d'Épidaure, bâti par *Polyclète* cinq siècles avant Jésus-Christ, et orné des peintures de Pausias de Corinthe.

Il est probable que le *tholos* d'Ulysse fut une salle de bains comme on en voit beaucoup dans la Grèce; il se pourrait aussi que ce monument fût destiné à renfermer des trésors comme celui d'Atrée à Mycènes, celui de Mynias à Archomène, etc. Les gouverneurs des provinces turques ont encore aujourd'hui des édifices de ce genre près de leurs habitations. Kara-Osman-Oglou, l'un des derniers gouverneurs de Magnésie, en avait construit un semblable près de son palais de Kirk-Agatch (ou des quarante arbres.)

Cette description du palais d'Ulysse, d'un monument aussi antique, dont les ruines vénérables étaient éparses sous mes yeux, et dans un état de conservation très remarquable, produisait sur moi un effet extraordinaire qui n'échappait pas à l'œil attentif et pénétrant de mon père.

Mais mon étonnement et mon admiration furent au comble, quand il me présenta l'empreinte de quatre médailles d'Ulysse, trouvées dans les décombres mêmes de son palais.

Il avait ces médailles dans sa possession depuis quelque temps, mais il me les avait cachées, afin de mieux jouir de ma surprise en me les montrant sur le lieu même où elles avaient été découvertes. (1)

La première de ces médailles représente la tête d'Ulysse à droite couverte du *pilæus*.

Revers. ΙΘΑΚΩΝ. Un coq à droite.

La seconde, ΙΘΑΚΩΝ. Tête d'Ulysse à droite couverte du *pilæus*.

Revers. Foudre au milieu d'une couronne de laurier.

La troisième, tête d'Ulysse à droite couverte du *pilæus*.

Revers. ΙΘΑΚΩΝ. Tête casquée de Pallas à droite.

La quatrième, tête casquée de Pallas à droite.

Revers. ΙΘΑΚΩΝ. Un guerrier tenant une lance de la main gauche, et tournant la tête à droite.

Le savant Édouard Dodwell pense que ces médailles ont été frappées plusieurs siècles après les rois d'Ithaque; mais l'on n'explique pas trop, dit-il, pourquoi la figure d'un coq y est représentée, à moins que cette figure ne soit une allusion à la vigilance du héros de *l'Odyssée*, comme étant d'ailleurs un symbole de Minerve.

Ulysse, le plus sage et l'un des plus vaillans guerriers de l'armée grecque, était sous la protection immédiate de la déesse de la sagesse; c'est sans doute pour cela que la tête de Minerve se trouve sur les médailles d'Ithaque.

Pline nous apprend que Nicomachus, fils d'Aristodème, qui vivait au temps d'Alexandre, fut le premier qui peignit Ulysse avec le *pilæus* ou bonnet phrygien. On peut donc raisonnablement supposer que tous les monumens sur lesquels il est représenté ainsi, ne sont pas antérieurs au siècle du roi de Macédoine. C'est du moins l'opinion de Winckelman.

M. Mionnet, conservateur du cabinet des antiques à la Bibliothéque du Roi de France, l'un des savans de l'Europe qui s'occupent avec le plus de zèle et de succès de la numismatique, est d'opinion que les médailles d'Ithaque ont été frappées dans les derniers temps de la république romaine, et vers les premiers siècles de l'empire.

---

(1) La même planche, au milieu des quatre précédentes, est celle d'Eurypèle, roi des Cétéens, dont on fera mention ci-après.

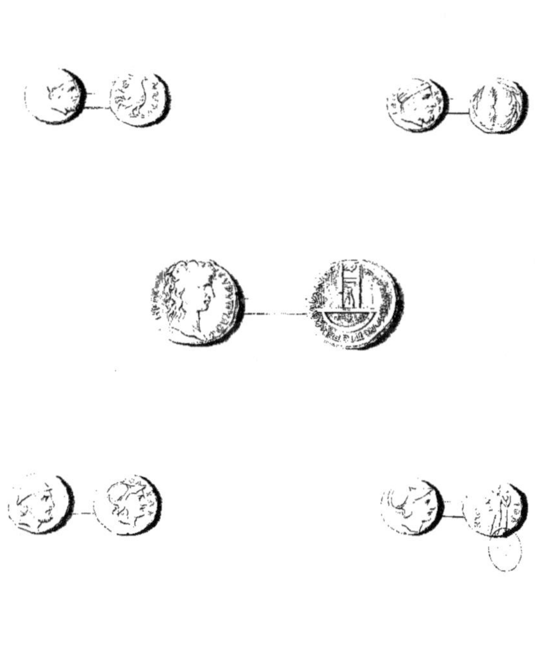

En admettant cette dernière supposition, l'île d'Ithaque, quoique sous la domination de Rome, aurait conservé son autonomie, peut-être à cause des grands souvenirs qu'elle rappelait, et aurait en conséquemment le droit de frapper ses monnaies, sans être contrainte d'y apposer l'effigie des empereurs.

Ce privilége ou cette préférence aurait été fort honorable pour Ithaque, puisque les îles voisines, Leucate, Corcyre et Zacinthe, n'en jouissaient pas. (1)

Nos trois premières excursions auraient été plus que suffisantes pour me convaincre de la vérité historique de l'entrevue d'Ulysse avec Eumée, et de son combat avec les prétendans. Mais mon père ne pouvait se rassasier du plaisir qu'il éprouvait en voyant mon enthousiasme pour chaque objet qui nous rappelait le souvenir du roi d'Ithaque.

Sa quatrième leçon sur nos antiquités, eut pour objet l'île d'Astéris, que nous apercevions des sommets d'*Aito*.

Antinoüs, l'esprit agité de noires pensées, et les yeux étincelans de fureur, demande aux prétendans assemblés, un vaisseau léger et vingt bons rameurs, pour aller attendre Télémaque à son retour de Lacédémone. « J'irai l'attendre, leur dit-il, et je lui dresserai une embuscade entre *Ithaque* et *Samos*, afin que le voyage qu'il a entrepris pour apprendre des nouvelles de son père, lui soit funeste. » Il dit, et tous les princes louèrent son dessein, et l'exhortèrent à l'exécuter. Vingt rameurs choisis vont sur le rivage, tirent un vaisseau en mer, dressent les mâts, disposent les rames et déploient les voiles; leurs esclaves pleins de courage portent leurs armes à bord du vaisseau.

Quand tout fut prêt, ils montent tous dans le vaisseau, préparent leur souper, et attendent que l'étoile du soir vienne leur donner le signal du départ.

Il y a, au milieu de la mer, entre *Ithaque* et *Samos*, une petite île qu'on nomme *Astéris*, elle est hérissée de rochers, mais elle a de bons ports ouverts des deux côtés; ce fut là que les prétendans se placèrent pour dresser des embûches à Télémaque.

Pendant le jour, ils avaient grand soin de placer des sentinelles sur tous les caps, et sur toutes les pointes élevées. Pendant les nuits, ils croisaient dans le détroit jusqu'au lever de l'aurore, en attendant Télémaque pour le faire périr. Pendant qu'ils étaient ainsi aux aguets pour le surprendre, quelque dieu le sauva et le conduisit dans son palais.

Ce passage d'Homère est clair et précis. Le poète fixe la position de l'île d'Astéris entre *Samos* et *Ithaque*, et comme s'il craignait de ne s'être pas assez expliqué sur cette position, il ajoute que les prétendans croisaient la nuit *dans le détroit*. Que conclure de cette abondance de précautions? Que, sans aucun doute, le vaisseau de Télémaque devait passer à son retour à l'occident de l'île d'Ithaque, et par le détroit de Samos.

---

(1) M. de Bosset, lieutenant-colonel au service de S. M. B., dans son *Essai sur les Médailles antiques des îles de Céphalonie et d'Ithaque*, s'exprime ainsi au sujet des dernières :

« Les recherches que j'ai faites à Ithaque m'ayant procuré quatre médailles différentes de cette île, dont une est, je crois, inédite, j'en donne ici la description.

« Elles ont été trouvées à *Aito*, dans les ruines qui sont sur le penchant de la colline qui s'étend depuis l'Acropolis jusqu'au port Molo. Ces sortes de médailles sont en général très rares. D'après le rapport des habitans, elles ne se trouvent dans aucune partie de l'île. Ce qu'il y a de certain, c'est que dans le nombre de celles que j'ai trouvées dans les ruines qu'on voit à Polis, il ne m'en est pas tombé dans les mains une seule de cette espèce, ni aucune qui me paraisse pouvoir être attribuée à la ville qui florissait jadis dans cette partie de l'île d'Ithaque.

« Ces quatre médailles ont évidemment été frappées à la mémoire d'Ulysse : le piléum, ou bonnet pointu qu'il avait coutume de porter, le caractérise; d'ailleurs la tête de Minerve, protectrice de ce héros, qui est au revers de quelques unes de ces médailles, ne laisse aucun doute à ce sujet. »

Ulysse a donc certainement existé; les médailles, la tradition et le poème lui-même l'attestent. Ce poème a eu un auteur, il le faut bien. Il paraît que l'auteur connaissait à merveille toutes les localités de l'île d'Ithaque : les détails de l'ouvrage le démontrent jusqu'au dernier degré d'évidence. Un pas de plus, et le *poète est le même que le héros*. (*Note de l'Auteur.*)

Cette marche du vaisseau était très naturelle à supposer, puisque le palais d'Ulysse était sur le sommet d'*Aïto*, vers le rivage occidental d'Ithaque, et Télémaque paraît avoir deviné que ses ennemis l'attendaient de ce côté, puisqu'il prend toutes sortes de précautions pour aborder du côté opposé, vers le rocher du Corbeau et la fontaine Aréthuse, où était la demeure de son fidèle Eumée.

Sir William Gell s'efforce de prouver que l'île d'Astéris, aujourd'hui *Didaskalo*, n'était pas un lieu convenable pour l'embuscade des prétendans.

Ces mêmes prétendans ont pourtant répété jusqu'à deux fois qu'ils plaçaient leur embuscade entre Ithaque et Samos, et ils ont insisté sur les précautions extraordinaires qu'ils prenaient pour surprendre le vaisseau de Télémaque, et pour empêcher leur proie de leur échapper.

« Mes amis, dit Antinoüs à leur infâme assemblée, ce sont les dieux eux-mêmes qui ont garanti cet homme des maux qui le menaçaient; car pendant le jour nous avions grand soin de placer des sentinelles sur tous les sommets, et, dès que le soleil était couché, nous ne nous amusions pas à passer la nuit sur le rivage, nous croisions dans le détroit jusqu'au jour, attendant toujours Télémaque sur ce passage pour le faire périr. Pendant que nous étions ainsi aux aguets, quelque dieu l'a sauvé, sans doute, et l'a conduit heureusement dans son palais. »

Voyons maintenant les précautions que Télémaque prend de son côté pour éviter les embûches qu'il soupçonne de la part de ses ennemis.

Il s'embarque dans le port de Pylos par un vent favorable; son vaisseau passe les courans de Cruné et de Chalcis : le soleil venait de se coucher, les ombres de la nuit couvraient tous les chemins. Le vaisseau, toujours poussé par un vent favorable que Jupiter lui avait envoyé, arrive à Phère et suit les côtes de la superbe Élide où dominent les Épéens.

« Jusqu'ici, dit Strabon, la navigation s'est faite vers le septentrion, de là le vaisseau tourne à l'orient et ne quitte sa première direction et la route d'*Ithaque* que pour éviter le passage entre *Ithaque* et *Samos*, où les amans de Pénélope avaient dressé des embûches à Télémaque, comme le dit encore Homère. »

A cet effet il passe à travers les îles Échynades, situées à l'entrée du golfe de Corinthe et près de l'embouchure du fleuve Acheloüs.

Ayant ainsi dépassé l'entrée du détroit de Samos jusqu'au point de la laisser derrière lui, il reprend sa route entre l'Acarnanie et Ithaque, et il aborde à l'autre côté de cette île, opposé au détroit qui était gardé par les amans de Pénélope.

Tous les objets que nous avons étudiés, mon père et moi, dans les excursions précédentes, n'exigeaient aucune recherche difficile puisqu'il n'y avait aucun doute à former sur leur véritable position, et qu'ils sont encore visibles aux lieux mêmes où le poète les a placés. Il n'en est pas tout-à-fait ainsi de cette belle fontaine située sur la colline de Mercure, ouvrage des trois frères Ithacus, Nérite et Polyctor, où les habitans de la ville et vingt femmes du palais d'Ulysse venaient journellement puiser de l'eau.

Cette fontaine et ses beaux bassins n'existent plus, mais on voit encore un puits et un petit ruisseau à l'endroit où elle devait être située, entre le rocher Korax (du Corbeau) et les ruines d'Aïto. Il se pourrait, dit M. Gell, que la petite église, voisine du lieu où était la fontaine, ait remplacé l'antique autel des nymphes.

Pour compléter, enfin, le tableau général des monumens et des sites de l'île d'Ithaque, il nous restait encore à découvrir l'emplacement de la maison de campagne du vieux roi Laërte.

Les anciens rois de la Grèce n'étaient point absolus comme ceux de l'Asie; leur pouvoir était limité par les lois et les coutumes établies, et ceci est parfaitement d'accord avec la suprême autorité d'Homère. Ce poète lui-même paraît un chaud partisan de gouvernement monarchique, et il saisit jusqu'à la moindre occasion d'inculquer la fidélité et l'obéissance aux rois. Il répète sans cesse que le peuple révérait les rois comme des dieux; et il attribue aux souverains une sorte de droit divin au respect et à l'autorité.

Cependant, toutes les fois que ce poète a occasion de s'expliquer plus en détail sur chaque gouvernement de la Grèce, il nous y montre clairement des principes de gouvernement républicain. Non seulement il fait mention du conseil des principaux personnages du royaume, mais il parle aussi de l'assemblée du peuple, et il emploie formellement le nom d'*Agora*, c'est-à-dire lieu où le peuple s'assemblait pour délibérer sur les affaires publiques, et où le talent de l'orateur distingué était regardé comme la qualité la plus précieuse qu'un homme pût posséder.

Dans le gouvernement des Phéaciens le mélange de monarchie, d'aristocratie et de démocratie est marqué aussi clairement que dans les constitutions anglaises et françaises; un chef, douze pairs et l'assemblée du peuple partageaient l'autorité supérieure.

Les prérogatives universelles et incontestables des rois étaient la suprématie religieuse et le commandement militaire; souvent ils exerçaient le pouvoir judiciaire, mais dans tous les intérêts civils, leur autorité paraît avoir été très limitée. Tout ce qui nous reste, en effet, concernant le gouvernement dans les poètes et les historiens les plus anciens de la Grèce, tend à démontrer que le gouvernement des premiers Grecs avait beaucoup de rapport avec celui des anciens Teutons. Les affaires ordinaires d'une peuplade étaient dirigées par les chefs, mais il fallait consulter la multitude sur les matières d'un intérêt public, et la multitude réclamait le droit d'être consultée sur ces sortes de matières.

Les poëmes d'Homère nous font connaître avec certitude les principes de gouvernement dans les temps héroïques, et nous savons en même temps que les principes de ce gouvernement étaient en général dénués de règles et de force.

L'ensemble de *l'Odyssée* montre la faiblesse des fondemens sur lesquels reposaient alors les institutions politiques. Il paraît qu'on convenait assez généralement de l'hérédité dans la monarchie, et que l'opinion populaire était fortement en faveur du droit de primogéniture.

Cependant Homère, quoique partisan très déclaré de la monarchie, paraît clairement admettre les droits du peuple à intervenir dans la succession au trône. Télémaque devait succéder sans aucune difficulté aux propriétés de son père; mais la succession au trône était légalement ouverte à la concurrence. On admettait toujours les prétentions du plus digne, ou, en d'autres termes, du plus puissant.

On a prétendu qu'Homère, après avoir vanté, dans *l'Iliade*, la force du corps, avait voulu, dans *l'Odyssée*, montrer la prééminence de l'esprit.

On voit cependant dans ces siècles reculés que, pour obtenir de grands succès au moyen de facultés mentales, il fallait y ajouter une grande force de corps. C'est pourquoi les princes les plus renommés, lorsqu'ils arrivaient à la décrépitude, étaient obligés d'abandonner les rênes du gouvernement; et ils étaient encore heureux, s'ils pouvaient en conserver seulement les honneurs.

Le gouvernement des îles sur lesquelles Laërte, et Ulysse après lui, ont régné, était au moins aussi parfait que tous les autres gouvernemens de la Grèce, si l'on doit en juger par le témoignage d'Homère; ces deux princes étaient aimés et respectés du peuple. Cependant, lors de l'absence du fils, qui était dans la vigueur de l'âge, le vénérable caractère du père ne suffisait pas pour lui assurer l'autorité. « Dis-moi, dit l'ombre d'Achille à Ulysse, dans les Champs Élysées; dis-moi, les Myrmidons honorent-ils l'illustre Pélée? Ses sujets lui rendent-ils les mêmes honneurs, ou le méprisent-ils à cause de son grand âge?... Car, ne jouissant plus de la lumière du jour, je ne puis plus le secourir. Si j'étais tel que vous m'avez vu autrefois, lorsque, volant au secours des Grecs, je fis mordre la poussière à un peuple de vaillans hommes, et que je parusse un moment dans le palais de mon père, je ferais bientôt sentir la force de mon bras à tous ces rebelles qui veulent le maîtriser, et qui refusent de lui rendre le respect qu'ils lui doivent. »

Dans l'entretien d'Ulysse avec l'ombre de sa mère Anticlée, dans les enfers, on voit que la puissance des rois d'Ithaque n'était pas assise sur des bases plus solides que celle des rois des Myrmidons.

« Votre fils Télémaque, lui dit-elle, jouit en paix de vos biens, et va aux festins publics que les princes et les gardiens de la justice et des lois doivent honorer de leur présence, etc.; car tout le peuple l'invite avec le plus grand empressement. Quant à votre père Laërte, il demeure à sa maison de campagne, et ne va jamais à la ville. Là son lit n'est pas couvert de beaux tapis ni de riches étoffes; mais pendant l'hiver, il couche à terre près de son foyer, au milieu de ses domestiques, et n'est vêtu que de méchans habits. En été et en automne, il couche au milieu de sa vigne, sur un lit de feuilles, toujours livré à ses ennuis, qu'entretient et qu'augmente de plus en plus la douleur de votre absence, qui le fait encore plus vieillir que les années. C'est cette même douleur qui m'a précipitée dans le tombeau. C'est le regret de ne plus vous voir, c'est la douleur de vous savoir exposé tous les jours à de nouveaux périls, c'est le tendre souvenir de toutes vos rares qualités qui m'ont ôté la vie. »

Tout lecteur sensible, tout admirateur sincère de ce délicieux entretien d'Ulysse avec sa mère, comprendra l'empressement que je mettais à suivre mon père dans la recherche de la maison de Laërte.

A l'ouest, et au pied du mont Nérite, on trouve un petit village qui porte le nom de *Leuka,* ou des Peupliers.

Ce village est entouré de champs soutenus par des terrasses où le chanvre et le blé croissent en abondance.

Un large puits qu'on voit un peu au-dessous du village, fournit aux habitans l'eau la plus pure et la plus limpide.

La beauté de ce lieu et l'étendue considérable du terrain qu'on y cultive, portent à croire que c'était là l'emplacement de la maison de campagne que Laërte habitait pendant l'absence de son fils.

Cette maison, en effet, ne pouvait pas être située dans la partie septentrionale de l'île; car Ulysse n'aurait pas manqué d'y passer en allant de la chaumière d'Eumée à la ville; et du sommet d'Aïto, où cette ville était située, on ne peut descendre dans aucune partie de l'île qu'au hameau de *Leuka.*

Il est prouvé d'ailleurs que Laërte habitait sur la côte occidentale de l'île, puisqu'un vaisseau venant de Sicile était jeté près de son jardin par la tempête.

Απο Σικανιης δευρ' ελθεμεν.

La maison du vieux héros paraît avoir été tout-à-fait semblable à celles qu'on appelle *metoiki* dans le grec moderne. L'*oikos,* ou la résidence du maître, était, comme le *pyrgos* d'aujourd'hui, entouré de cabanes et d'étables occupées par les troupeaux.

Le verger que Laërte cultivait était planté de figuiers, de vignes, d'oliviers et de poiriers, qui y croissent encore aujourd'hui, comme alors, en très grande abondance.

C'est donc très probablement ici qu'était la maison de Laërte; c'est dans ces lieux mêmes que les dernières vengeances d'Ulysse furent assouvies. Mais, hélas! s'il faut en croire le véridique Plutarque, la paix ne régna pas long-temps dans Ithaque; *les meurtres des fils et des pères ne furent pas oubliés.*

« Les hommes ont beau convenir d'oublier le passé, dit madame Dacier, si les dieux n'inspirent cet oubli, le souvenir n'en est jamais effacé, et il reste toujours un levain capable de renouveler la guerre; c'est de ce seul oubli qu'on peut dire avec vérité :

Ο ποτνια ληθη των κακων ως ει σοφη.

« Combien il est sage l'oubli des injures et des maux! »

L'École d'Homère à Ithaque.

Après avoir vérifié la position de la campagne de Laërte, il ne nous restait plus à observer que ces ruines qui, de temps immémorial, portent le nom d'*École d'Homère*.

Ce monument se trouve près du monastère d'Archangély, à environ trois milles de Leuka. On y remarque des vestiges d'une maçonnerie antique percée de plusieurs niches.

« Il est probable, dit le baron Gell (1), qu'Homère a été en grande vénération chez les habitans d'Ithaque aussitôt que ses ouvrages leur ont été connus, et il est certain que les familles de Boukolos et de Koliades, mentionnées par Plutarque comme existantes de son temps dans l'île, avaient toutes sortes de motifs de déifier le poète fondateur de la réputation dont jouissaient les descendans d'Eumée et de Philétius. »

Au reste, quoique ces ruines ne datent peut-être pas du temps de l'auteur de *l'Odyssée*, elles n'en sont pas moins d'un très grand intérêt, puisqu'elles nous apprennent que les habitans d'Ithaque réclamaient aussi le berceau d'Homère, et peut-être avec autant de droits que tous les autres pays de la Grèce.

On conçoit aisément qu'à force de comparer les scènes de *l'Odyssée* avec les lieux qui en avaient été visiblement le théâtre, et que j'avais continuellement sous les yeux, je ne tardai pas à partager tout l'enthousiasme de mon père, et que je fus bientôt aussi profondément convaincu que lui,

1°. Qu'Ulysse avait existé;

2°. Qu'il avait été roi d'Ithaque;

3°. Enfin que cette île avait été le théâtre des scènes les plus intéressantes de *l'Odyssée*.

Mon père, enchanté de la manière dont j'avais saisi ses savantes leçons, et de l'impression profonde qu'elles avaient faite sur mon esprit et sur mon cœur, jugea qu'il était temps de me faire terminer mes études élémentaires dans l'île d'Ithaque, et de m'envoyer à l'université de Padoue, où il avait étudié lui-même, avant d'entrer dans le corps de la marine vénitienne.

La veille du jour fixé pour mon départ, il me conduisit aux ruines d'*Aïto* pour m'y faire ses adieux, me communiquer ses dernières volontés (2), et me faire part d'un secret important qu'il n'avait encore, me disait-il, confié à qui que ce fût.

Le soleil levant dorait de ses premiers rayons les sommets du mont Néios et les ruines dont nous étions entourés.

Les cytises, les térébinthes, les lentisques et mille autres plantes aromatiques embaumaient l'air de leurs délicieux parfums, dont l'odeur, dans ces beaux climats, se fait sentir à la mer à des distances considérables de ses rivages.

« Tu te souviens, mon cher fils, me dit-il, que c'est sur cette éminence et près de ces ruines vénérables que j'ai mis pour la première fois dans tes mains le poëme de *l'Odyssée*, attribué, comme celui de *l'Iliade*, à un génie sans doute surnaturel et divin, puisque son nom, sa patrie et l'époque où il a vécu sont restés dans l'oubli durant tant de siècles que ses vers ont charmés.

« Les grandes révolutions chez les anciens peuples, si elles ne renversaient pas de fond en comble tous leurs monumens, anéantissaient au moins une partie de leurs souvenirs.

« La guerre de Troie occasionna un bouleversement général dans la Grèce et dans l'Asie. Les Troyens et les Grecs échappés à la mort voyant leurs affaires domestiques ruinées de fond en comble, se trouvant sans moyens de subsister, se livrèrent à la piraterie; les uns parce que leur patrie était dévastée, les autres parce qu'ils ne pouvaient reparaître dans leurs familles sans y trouver les plus affreux désordres.

« Strabon répète souvent que les révolutions qui ont suivi la guerre de Troie ont été la première cause

---

(1) *Geography and Antiquities of Ithaca.*

(2) Ce furent en effet les dernières; car au retour de mes voyages, il était descendu dans la tombe.

des difficultés qu'il a éprouvées pour ajuster la topographie homérique, des désordres aussi immenses et d'une aussi longue durée, suffiraient, sans doute, pour expliquer le silence de l'antiquité sur le génie extraordinaire auquel nous devons les poëmes de la guerre de Troie et le touchant tableau des malheurs qu'elle a causés. » (1)

Le plus ancien des historiens grecs, Hérodote, croyait qu'Homère avait existé quatre cents ans avant lui.

Thucydide, Platon, Aristote, Strabon, Plutarque, qui, en différens temps, ont recherché avec soin les antiquités de leur pays, ne dissimulent point l'incertitude des autorités et des monumens qu'ils ont consultés sur cet important objet.

Pausanias avoue nettement qu'il ne sait rien d'Homère. « Je n'ai rien omis, dit-il, pour tâcher de savoir en quel temps Homère et Hésiode ont vécu; mais comme je sais que plusieurs écrivains ont traité cette question avec beaucoup de chaleur et particulièrement ceux qui de nos jours se sont appliqués à la poésie, je m'abstiens de rapporter mon sentiment, pour ne point entrer dans cette querelle. »

Cicéron confesse que de son temps on ignorait complétement l'époque et la patrie d'Homère.

« Les habitans de Salamine et de Chio, dit-il, réclament ce grand poète, ceux de Smyrne assurent qu'il leur appartient, les *Céphaloniens prétendent qu'il était leur concitoyen.* » (2)

« Il est sans doute inutile, ajoute Plutarque, de rechercher la famille et la patrie d'Homère, puisqu'il n'a pas daigné lui-même en parler, et qu'il a poussé la discrétion jusqu'à ne pas vouloir nous dire son véritable nom. » (3)

Cette discrétion d'Homère a excité la curiosité de tous les siècles anciens et modernes, chacun a voulu deviner le mot de cette importante énigme, et l'on a eu recours à toutes sortes de conjectures et de recherches étymologiques.

L'un veut que ce nom d'Homère, Ο, μηρος, soit un sobriquet qui signifie *otage*, parce qu'Homère avait été livré comme tel dans une guerre entre les habitans de Smyrne et ceux de l'île de Chio.

Un autre découvre que le nom d'Homère vient de ο-μη ορων, *non videns*, et en conclut que le poète était aveugle.

Quelques uns dérivent son nom de ομος-ηγειρ, parler en public, parce que, inspiré par les dieux, il parla aux habitans de Smyrne avec tant d'éloquence, qu'il leur persuada de faire la guerre à ceux de Colophon.

Un écrivain moderne prétend que le mot ομο-ηρως signifie l'identité du poète et du héros. Ομο-ηρως, *simul heros,* comme Ομο-Θεος, *simul Deus;* je présume bien, dit cet auteur, que cette étymologie paraîtra extraordinaire, et qu'on ne manquera pas de m'objecter que le mot ηρως s'écrit par un oméga et non pas par un omicron; mais on pourra se rappeler que la lettre oméga fut ajoutée à l'alphabet grec par Simonides, six ou sept siècles après la guerre de Troie, et que les plus anciennes inscriptions portent *Omeros* ou *Homeros. Ware er alt so muste Omeros oder viel-mehr Homeros geschrieben sein,* dit le célèbre Heyne.

Enfin une tradition venue, dit-on, des bords du Nil nous apprend que le nom d'Ο-μηρος (la cuisse), rappelle une tache que le poète portait à la cuisse. (4)

---

(1) Ce fut alors, sans aucun doute, que l'antiquité perdit la trace du véritable auteur de *l'Iliade* et de *l'Odyssée.*

(2) Ce passage de Cicéron explique l'origine du monument connu aujourd'hui sous le nom d'*Ecole d'Homère,* dans l'île d'Ithaque, voisine de Céphalonie.

(3) Qui sait s'il n'a pas cru s'être suffisamment fait connaître dans *l'Odyssée?*

(4) S'il était vrai que cette tache fît allusion à la blessure qu'Ulysse reçut à la cuisse en chassant au sanglier sur le mont Parnasse, et qui le fit reconnaître par sa nourrice Euryclée, voilà l'auteur de *l'Odyssée* tout trouvé.

Un empereur romain aussi illustre par sa puissance que par son goût éclairé pour les beaux-arts, Adrien, apprit de la bouche même de l'oracle de Delphes, qu'*Homère était né dans l'île d'Ithaque, et qu'il était fils de Télémaque et de la belle Polycaste, fille de Nestor.*

Philostrate assure qu'Homère fit le voyage d'Ithaque pour y consulter les mânes d'Ulysse sur les particularités dont il avait besoin pour composer son poëme de *l'Iliade.*

Si ces deux derniers renseignemens sur Homère ne semblent pas augmenter beaucoup nos lumières sur ce divin poëte, ils prouvent au moins, premièrement que l'oracle de Delphes, oracle d'une grande autorité, comme chacun sait, regardait l'île d'Ithaque comme le berceau d'Homère, et secondement que celui qui adressait Homère aux mânes d'Ulysse, sentait la nécessité de consulter ce héros pour le bien peindre, ou, ce qui est plus vraisemblable, que le barde allait à Ithaque chercher les poëmes composés par le héros lui-même pour aller les chanter dans les villes de la Grèce, et qui sait, peut-être, pour s'en attribuer la gloire dans son siècle et dans la postérité?

Puisque les anciens ne nous apprennent rien de positif sur le siècle et la patrie d'Homère, voyons si l'on pourrait espérer plus d'instruction de la part des modernes. Si nous parcourons les écoles les plus fameuses de l'Europe, nous y trouverons les mêmes disputes, les mêmes incertitudes et les mêmes ténèbres.

Consultons en Angleterre les Pope, les Pocoke, les Wood, etc.; en Allemagne, les Heyne, les Stolberg, les Wolf, les Hammer, etc.; en Italie, les Maffei, les Martorelli, les Salcini, les Cesarotti, etc.; en Espagne, les Gravina, les Garofolo, les Vergas, etc.; en Hollande, les Wiselius, les Sgravenaer, etc.; en France, les Barthélemy, les Dacier, les Rochefort, les Larcher, etc., partout nous trouverons la plus complète incertitude sur la personne et le siècle d'Homère.

Un seul historien anglais a eu le courage de fixer une époque à l'existence de ce beau génie; je dis qu'il a eu le courage, car il en faut un véritable pour oser braver un système, quel qu'il soit, quand il est accrédité par tant de siècles.

Le savant Mitford, auteur d'une excellente Histoire de Grèce, prétend qu'on trouve dans les poëmes d'Homère, quelques passages qui semblent fixer d'une manière au moins approchée, et le temps où il a vécu, et celui de la guerre qu'il a chantée.

Au premier chant de *l'Odyssée,* le sage Télémaque dit à sa mère : « Pourquoi défendez-vous à Phémius de chanter le sujet qu'il a choisi, et qui lui plaît davantage? Il ne faut pas le blâmer de chanter le malheur des Grecs, *le goût de tous les hommes est d'aimer toujours mieux les chansons les plus nouvelles.* Si les événemens que le poëte célèbre ici avaient eu lieu, comme quelques historiens l'ont cru, cinq, quatre, trois, deux ou même un siècle avant que les peuples auxquels il les raconte fussent nés, il est clair qu'il serait en contradiction avec lui-même. »

Au huitième chant de *l'Odyssée,* Ulysse dit à Démodocus : « Divin chantre, vous peignez les malheurs des Grecs, tout ce qu'ils ont fait et souffert, tous les travaux qu'ils ont essuyés, comme si vous y aviez été présent, ou si vous l'aviez appris d'eux-mêmes. » (1)

Plus loin, Alcinoüs dit à Ulysse : « Pourquoi pleurez-vous en entendant chanter les malheurs des Grecs et ceux d'Ilion? Les malheurs viennent de la main des dieux, qui ont ordonné la mort de tant de milliers d'hommes, afin que la poésie en tirât des leçons utiles à la postérité. »

« Pope, continue Mitford, a prétendu que l'invocation aux Muses qu'on trouve au deuxième chant de *l'Iliade,* prouve qu'Homère a vécu *long-temps* après le siége de Troie; et Thucydide, dont l'autorité est encore supérieure à celle de Pope, dit à peu près la même chose.... Mais qu'entend-on par *long-*

---

(1) « Ce passage, dit madame Dacier, est fort beau et d'une adresse merveilleuse; car en louant parfaitement les poëtes, il fonde *la vérité de toutes les aventures avec tant de sûreté et d'évidence, qu'il est impossible d'en douter.* »

temps? De ce vers, *et nous autres mortels, nous n'entendons que les bruits de la renommée, etc.*, n'est-il pas très raisonnable de conclure que la naissance du poète se rapprochait tellement du temps de la guerre de Troie, que dans sa vieillesse on aurait pu supposer, à moins qu'il n'eût déclaré le contraire, qu'il prétendait connaître les événemens qu'il décrit, parce qu'il y avait lui-même pris part? Car on ne s'avise pas de contredire ce qu'il serait absurde de supposer. »

Mitford montre ici que l'auteur de *l'Iliade* a vécu assez près des événemens dont il fait l'histoire, pour qu'on puisse lui attribuer l'intention de faire accroire qu'il en avait été personnellement témoin. Quoi qu'il en soit, au reste, du jugement des anciens et des modernes sur l'auteur des poëmes de la guerre de Troie, et en particulier de *l'Odyssée*, toujours est-il certain, comme l'a très bien observé le baron Gell, « que l'Ithaque d'Homère est quelque chose de plus qu'une création de l'imagination de ce poète, puisque les circonstances les plus insignifiantes de ses récits coïncident parfaitement avec la topographie de cette île, et que ce serait une tâche évidemment impossible, d'adapter un si grand nombre de détails et d'incidens à une fausseté aussi longue et aussi péniblement élaborée. »

Madame Dacier, long-temps avant le voyageur anglais, avait fait la remarque suivante : « Ulysse, dit-elle, qui savait tous les êtres de son palais, s'avise fort sagement de faire garder cet endroit par où l'on pouvait descendre dans la cour. »

En effet, l'auteur de *l'Odyssée* décrit si bien les localités, qu'il faut nécessairement qu'il les ait connues.

Mais quand les aurait-il connues? Comment y aurait-il rapporté les incidens du combat? Qui lui aurait raconté ces incidens?

Il fallait donc qu'il en eût été témoin. Mais ce combat n'avait eu de témoin que les acteurs.... Et ces acteurs, qui étaient-ils? Les prétendans? Ils périrent tous. Eumée? Un vieillard, un berger étranger au culte des muses.... Ce raisonnement conduit à la lumière, et il faut convenir que l'accord surprenant qui règne entre les très nombreux incidens du poëme, et les très nombreuses localités du palais, prouve évidemment que celui qui a décrit le combat en était le principal acteur, et cet argument suffirait seul, sans le secours d'aucun autre, pour établir l'identité incontestable du poète et du héros.

N'oublions pas d'ailleurs qu'Ulysse a contribué plus qu'aucun autre des héros à la prise de Troie: que ses aventures après la guerre, telles qu'il les raconte, ont tous les caractères de l'histoire, et que Strabon écrivait il y a vingt siècles, que « ceux qui se refusaient à croire les aventures d'Ulysse dépouillées des ornemens mythologiques, ceux qui niaient le retour d'Ulysse dans son palais, et la punition des usurpateurs de son trône, calomnient le poète, et ne méritent pas plus d'être réfutés que ceux qui ajoutent foi à l'hospitalité des déesses, aux métamorphoses, à la haute taille des Cyclopes et des Lestrigons, à la monstruosité de Scylla, et aux bœufs du soleil. »

Maintenant, si les aventures d'Ulysse sont véritables, je demande encore une fois ici qui peut les avoir racontées? Un des compagnons d'Ulysse? Mais tous ont péri dans la tempête, victimes de leur impiété. Un Phéacien qui aurait entendu le héros lui-même en faire le récit? Mais, dans ce récit même, on nous apprend que les Phéaciens habitent loin des peuples ingénieux ,

Εκας μεροπων Ανθρωπων.

Et certes on ne saurait attribuer *l'Odyssée* à un homme sans génie.

Mais Ulysse n'aurait-il pas raconté ses aventures après son retour à Ithaque? Oui, sans doute, il a dû les raconter à Pénélope et à Télémaque, mais très rapidement, car son voyage à la campagne de Laërte, son action contre les prétendans, sa victoire, et le bannissement en Italie qui la suivirent, ne lui laissèrent pas le temps de faire un long récit.

Ulysse est donc certainement l'auteur de *l'Odyssée*, et comme aux yeux de tous les hommes de goût

Embouchure de l'Hellespont.

tant anciens que modernes, *l'Odyssée* et *l'Iliade* sont de la même main, c'est au roi d'Ithaque que nous sommes redevables des deux poëmes les plus magnifiques qui soient sortis de la main des hommes. (1)

Voilà, mon cher fils, l'importante découverte que j'avais à te confier. Je t'en déclare ici le défenseur, à la condition que tu ne négligeras aucun sacrifice pour la confirmer et la perfectionner.

Souviens-toi que tu descends du fidèle Eumée, et que c'est à toi qu'il appartient de rendre au roi d'Ithaque les honneurs de ses poëmes, comme notre vertueux aïeul lui rendit son trône et son épouse.

Tu vas donc, avant tout, passer quelques années à l'université de Padoue; quand tu y auras acquis les connaissances nécessaires pour utiliser tes voyages, et qu'il m'était impossible de te procurer à Ithaque, tu te rendras par Constantinople au cap Sigée, pour y étudier le théâtre de *l'Iliade* avec le même soin et le même zèle que tu as étudié avec ton père celui de *l'Odyssée* dans l'île d'Ithaque.

Sans aucun doute, tous les échos de la plaine d'Ilion te rediront les actions de notre vaillant roi.

Lorsque tu auras vérifié la présence du héros dans les batailles, et la coïncidence de la topographie de la plaine avec le poëme de *l'Iliade,* comme tu viens de vérifier celle de notre île avec le poëme de *l'Odyssée,* tu suivras Ulysse dans les régions de la confédération des Troyens, dans celles de la confédération des Grecs, dans les îles de la mer Égée et de la mer de Sicile. Tu reviendras ensuite dans les bras de ton père, chargé d'une riche moisson de connaissances.... Qui sait si tu ne découvriras pas dans tes voyages quelque fragment précieux du divin poëte! Qui sait si, à ton retour, tu ne trouveras pas la Grèce entière rendue à la noble indépendance des siècles héroïques!

En prononçant ces derniers mots, mon père fondait en larmes et me serrait dans ses bras. Il nous semblait à l'un et à l'autre que nous nous faisions le dernier adieu; et, en effet, au retour de mes longs voyages, je n'ai retrouvé que sa cendre.

Le lendemain de cet entretien, que j'aurai toujours présent à la mémoire, je partis pour l'université.

La guerre générale de l'Europe, et les révolutions qui menaçaient l'existence heureuse et paisible de la république de Venise, ne me permettaient pas de donner une direction fixe à mes études.

Je me bornai donc à celles qui flattaient le plus mes goûts, à l'étude des langues anciennes et modernes, à la lecture des voyageurs de toutes les nations qui avaient visité les théâtres de *l'Iliade* et de *l'Odyssée.*

Enfin, après avoir employé cinq années dans l'université à me préparer au voyage pour lequel mon père m'avait donné des instructions si précises, je me mis en route pour la plaine d'Ilion.

Le premier objet qui frappa ma vue en arrivant à l'embouchure de l'Hellespont, fut cette belle ligne de tombeaux rangés sur les rivages de ce canal fameux.

Les voilà donc, me disais-je à moi-même, ces antiques monumens promis par Homère à la curiosité *et à l'intérêt des races futures qui devaient traverser l'Hellespont dans les siècles à venir, et dans la postérité la plus reculée.*

Τοις οι νυν γεγαασι και οι μετοπισθεν εσονται.

Quel admirable tableau pour l'ami des beaux vers et de la belle antiquité! Combien je serais heureux s'il m'était possible de faire partager à mes lecteurs les jouissances que j'ai éprouvées en m'avançant d'un pas religieux vers cette plaine, le théâtre de tant de belles actions, et la sépulture de tant de héros!

Homère m'apprend que « le camp des Grecs s'étendait entre les deux promontoires que j'ai sous les yeux. La ville de Troie était située, dit-il, sur une éminence, au fond d'une plaine fertile; elle était éloignée du rivage de la mer, et entourée de rochers escarpés.

« Elle n'était attaquable que du côté de l'Étinéos ou la colline des figuiers sauvages. Près de cette

---

(1) Et en effet, comme l'observe très judicieusement un des premiers littérateurs français, en parlant de *l'Iliade* et de *l'Odyssée* (*Journal des Savans,* mai 1829), pourquoi serait-il défendu de conjecturer que l'un des héros du premier de ces poëmes est le principal personnage du second, et l'auteur de l'un et de l'autre. (*Note de l'Éditeur.*)

colline, on voyait les jardins de Priam et les sources du Scamandre, dont l'une était chaude et fumante, et dont l'autre était froide en été comme la neige ou la grêle.

« Le Pergama était un lieu élevé dans la ville, et qui dominait sur la plaine. Le tombeau d'Hector, couvert de pierre, devait se trouver dans l'enceinte ou les environs de la ville. Celui de la courageuse Myrinna était en face et tout près des murailles. Celui d'Éziètes était à quelque distance de la ville, et assez à portée du camp des Grecs pour que, de son sommet, on pût apercevoir leurs mouvemens. Celui d'Ilus se trouvait sur la route qui conduisait de la ville au camp. Celui qui fut élevé en commun aux guerriers grecs, était proche du camp. Ceux d'Achille, de Patrocle et d'Antiloque, étaient sur le haut rivage de l'Hellespont. Celui d'Ajax était au cap Réthée. Le throsmos, qui était sans doute aussi quelque ancien tombeau, était près des vaisseaux. La vallée de Tymbra, où les alliés des Troyens étaient campés, pendant qu'Hector tenait conseil sur le tombeau d'Ilus, ne pouvait pas être fort éloignée de ce tombeau, et était par conséquent située entre les vaisseaux et la ville.

« La belle colline appelée *Callicoloné*, s'étendait en face de la ville sur les bords du Simois.

« La plaine dans laquelle on voyait tous ces objets remarquables, s'élevait par degrés depuis le rivage de la mer jusqu'à la ville, et elle était arrosée par le Simois et le Scamandre. Le premier de ces deux fleuves était un torrent impétueux qui déracinait les arbres et entraînait les rochers; les rives de l'autre étaient couvertes de fleurs; ses eaux étaient claires et limpides comme le cristal. Ces deux fleuves embrassaient la plaine dans presque toute son étendue, et réunissaient leurs eaux vers sa partie inférieure. C'est entre leurs rives que se donnèrent les plus terribles combats. Le chemin qui conduisait des portes Scées ou des portes du couchant au rivage de la mer, passait près du hêtre, de l'Érinéos, des sources du Scamandre, et du tombeau d'Ilus. Il fallait nécessairement traverser le Scamandre pour aller de la ville au camp des Grecs, et pour en revenir. »

D'après cette esquisse topographique tracée par Homère lui-même, nous pouvons, il me semble, suivre les guerriers dans tous leurs exploits, et avoir une idée claire des différens mouvemens de leurs armées.

La guerre entre les Grecs et les Troyens avait duré neuf années. Les premiers étaient campés dans le voisinage de Troie, lorsque la querelle entre Achille et Agamemnon occasionna une division dans l'armée. Jusqu'alors les Troyens étaient restés dans la ville, suivant l'avis des vieillards, qui prévoyaient les difficultés que les Grecs auraient à vaincre pour en faire le siége; mais, encouragés par la retraite d'Achille, dont ils eurent connaissance, ils sortirent enfin de leurs murailles, et allèrent à la rencontre de l'ennemi. Cette sortie des Troyens devait satisfaire la vengeance d'Achille et flatter son orgueil, puisqu'elle était un hommage rendu à sa valeur. Les deux armées en viennent aux mains, et donnent successivement quatre grandes batailles, qui forment ensemble le principal sujet de *l'Iliade*.

Dans le premier de ces combats, les Grecs occupaient la plaine de Scamandre; les Troyens, la colline Bathycia; Pâris et Ménélas ne tardèrent pas à se reconnaître; Hector provoque entre eux un combat singulier, dont l'issue n'est pas décisive.

Les armées ne pouvaient pas être alors à une grande distance de la ville, puisque Priam, accompagné des vieillards, distingue du haut des murs les chefs des Grecs, dont Hélène lui apprend les noms. Le traître Pandarus décoche une flèche; les deux armées en viennent aux mains. On se battait dans le voisinage de la ville, puisque Apollon, du haut du Pergama, animait les Troyens par ses cris. Le sort du combat resta long-temps indécis; les armées s'avancent et se retirent alternativement entre les rives du Simois et du Scamandre. Enfin, Ajax repousse les Troyens jusqu'aux portes de la ville; ils s'y rallient à la voix d'Hector et d'Énée, et font face à l'ennemi. Hector, excité par Hélénus, et frappé sans doute du danger dans lequel il se trouve, a recours aux dieux. Il entre dans la ville, et engage les femmes à implorer la protection de Minerve. Pendant ce temps-là, Glaucus et Diomède font l'échange de leurs armes. Au retour d'Hector, la bataille recommence; Hector défie le plus vaillant des Grecs; enfin, les

Troyens se retirent dans leur ville, et les Grecs dans leur camp. C'est ainsi que se termine la première journée.

Le lendemain, on convient d'une trève pour brûler les morts, et les Grecs en profitent pour élever un rempart devant leur camp.

Au point du jour suivant, on donne une seconde bataille qui est bientôt suivie d'une autre entre la ville et le camp. Vers le milieu du jour, une terreur panique s'empare des Grecs; ils se retirent en désordre; ils reviennent cependant encore une fois à la charge, mais ils sont repoussés, et enfin ils s'enferment dans leurs retranchemens; la nuit arrive fort à propos pour eux.

Hector ne fait pas rentrer ses troupes dans la ville, mais il leur fait passer la nuit dans la plaine, sur le bord du fleuve, à quelque distance du camp, et leur ordonne d'allumer des feux. Les Grecs , suivant l'avis de Nestor, veillent aussi de leur côté dans cette même nuit. Les Grecs envoient des ambassadeurs à Achille; Ulysse et Diomède sont chargés d'aller à la découverte.

La situation du camp des Troyens, dans cette circonstance, est décrite avec précision.

Hector, avec les chefs troyens, tient conseil au tombeau d'Ilus. Les auxiliaires dorment, mais les Troyens veillent auprès des feux qu'ils ont allumés. Les Lyciens et les Mysiens sont vers la vallée de Thymbra (1), c'est-à-dire, sans doute, à l'aile droite, en face du poste d'Ajax. Les Cariens et les Péoniens sont vers la mer, c'est-à-dire à l'aile gauche, vis-à-vis le poste d'Achille. Les Thraces, sous la conduite de Rhésus, devaient être aux avant-postes et près du camp des Grecs; car Ulysse et Diomède, en suivant les bords du Simoïs, les surprennent les premiers et reviennent au point du jour à leur camp, d'où ils étaient partis long-temps après minuit.

Le lendemain, les Troyens attaquent le camp des Grecs. Pour bien comprendre les différentes actions qui ont lieu dans le cours de cette journée, il est nécessaire de connaître la disposition des vaisseaux et la fortification que les Grecs viennent de construire.

Les vaisseaux étaient rangés sur deux lignes, entre les promontoires (2), et ils avaient la poupe tournée vers la terre. Ajax était à l'aile gauche du camp, et Achille, avec les Myrmidons, à la droite. Il ne peut y avoir aucun doute, comme on le démontrera plus particulièrement dans la suite, sur la position des troupes placées aux deux promontoires; mais il n'est pas facile de déterminer aussi exactement l'ordre de celles qui occupaient l'espace intermédiaire : il est probable, cependant, qu'Idoménée, avec les Crétois, était à la droite d'Ajax; qu'Idoménée était suivi de Nestor avec les Pyliens; puis de Menesthée avec les Athéniens; ensuite d'Ulysse avec les Argiens; et enfin d'Achille avec les Myrmidons et les autres Thessaliens.

Cet ordre de bataille jette un grand jour sur plusieurs incidens du poëme.

Lorsque Machaon blessé se fait conduire dans la tente de Nestor, Achille est à une telle distance qu'il ne peut le reconnaître. Patrocle , envoyé par Achille pour prendre des informations , et revenant du poste de Nestor, passe près des vaisseaux d'Ulysse; il trouve Eurypile blessé, qui retournait sans doute à l'aile droite, où étaient les Thessaliens. Machaon, quoique Thessalien, était conduit dans la tente de Nestor par Nestor lui-même, parce qu'il était sans doute trop affaibli pour gagner l'aile droite. Les vaisseaux d'Ulysse étaient au centre, et *lorsqu'il appelait les troupes aux armes, sa voix se faisait entendre aux deux extrémités du camp.*

L'ordre des vaisseaux, dans le catalogue, paraît avoir du rapport avec la disposition des troupes dans le camp.

Les Béotiens, en effet, et ceux qui les suivaient, jusqu'aux Salaminiens, commandés par Ajax , ap-

---

partenaient à l'aile gauche. Les Argiens et ceux qui se trouvaient auprès d'eux, jusqu'aux Crétois, aux Rhodiens et autres insulaires, composaient le centre; les Thessaliens, avec les Myrmidons, formaient l'aile droite.

L'ordre de bataille est bien différent.

Agamemnon se précipite au milieu des combattans, et, après avoir dépassé quelques troupes qui ne sont pas nommées, il arrive à Idoménée, qui commandait les Crétois; puis à Ajax, sous qui les Salaminiens combattaient; ensuite à Nestor, à Menesthée, à Ulysse, et enfin à Diomède.

Ulysse était tellement éloigné de la partie du camp attaquée par les Troyens, qu'il ne fut point instruit de leur approche.

Le camp des Grecs occupait donc, comme on vient de le voir, tout l'espace compris entre les deux promontoires. Comme ils n'avaient point eu de succès dans la première bataille, Nestor frappé de la valeur d'Hector, en songeant d'ailleurs au vide que la retraite d'Achille laissait dans l'armée, propose de fortifier le camp. Cette précaution avait été jusqu'alors inutile, puisque les Troyens s'étaient tenus enfermés dans leurs murailles.

D'après le peu de temps qu'on mit à construire ce retranchement, on peut juger que cet ouvrage n'était pas d'une grande importance; mais comme il est le plus ancien modèle de fortification connu, il mérite à ce titre quelque attention. Il était construit en terre, percé de plusieurs portes, et flanqué de tours bâties en pierre et en bois. Il devait être loin des vaisseaux, puisqu'il se donna une bataille très meurtrière dans l'espace même qui les séparait. La principale porte par où les Grecs sortaient dans la plaine était à l'aile gauche.

Le retranchement était fort peu élevé, puisque Sarpédon en atteint les créneaux avec la main. Il était défendu dans toute sa longueur par un fossé profond et garni de palissades, qui lui était immédiatement contigu.

Revenons maintenant à l'assaut du camp.

Au point du jour, les Grecs en sortent, et laissent leurs chars derrière eux; les Troyens étaient sur le *Throsmos*. Le sort de la bataille reste indécis jusqu'au milieu du jour. Alors les Troyens sont repoussés; ils s'enfuient à travers la plaine, passent près du tombeau d'Ilus, près de l'Érinéos et ne s'arrêtent qu'aux portes Scées. Ici le combat se renouvelle et dure pendant tout le jour. Agamemnon se distingue par plusieurs actions d'éclat; enfin il est blessé, les Troyens alors reprennent courage et repoussent les Grecs jusqu'au-delà du tombeau d'Ilus, où Pâris, en embuscade, blesse Diomède d'un coup de flèche. La bataille devient générale et s'étend à une grande distance sur la plaine, puisque Hector combattant à l'aile gauche, vers le Scamandre, ne *savait rien des succès que Diomède, Ulysse et Ajax obtenaient sur les Troyens vers le Simoïs*. Il vole au secours des siens, et Ajax lui-même est forcé de reculer. Les Grecs s'enfuient vers leur camp et s'y renferment. Hector les poursuit, se dispose à les attaquer, à mettre le feu à leurs vaisseaux et à détruire toute l'armée grecque.

Les Troyens ignoraient comment conduire l'attaque d'un camp retranché; mais, sur l'avis de Polydamas, les chefs descendent de leurs chars, partagent l'infanterie en cinq colonnes et la mènent vers le retranchement. Asius seul reste sur son char : en jetant les yeux sur la gauche des vaisseaux, il observe que la porte par laquelle les Grecs sortaient de leur camp se trouvait ouverte; il y fait une attaque, mais sans succès. Les autres divisions attaquent sur d'autres points; et, comme les colonnes des Troyens étaient au nombre de cinq, on suppose communément que les portes du retranchement étaient au même nombre. La division d'Hector s'attache particulièrement à démolir le rempart autour d'une des portes. Sarpédon dirige ses coups vers la partie défendue par Menesthée, le chef des Athéniens; celui-ci appelle à son secours Ajax et Teucer, qui combattaient contre Hector. L'absence de ces deux adversaires laisse au fils d'Hercule la facilité d'enfoncer la porte avec un quartier de rocher, et de pénétrer dans le camp.

Les Grecs épouvantés se retirent dans leurs vaisseaux. Ici les deux Ajax s'étaient réunis, ils rallient les fuyards et les ramènent au combat. Cette colonne de Grecs donne la première idée d'une phalange; car les troupes les plus braves commencèrent à serrer les rangs et attendirent l'approche de l'ennemi. Au moyen de cette manœuvre, les Troyens sont promptement repoussés.

Pendant que le combat est le plus acharné parmi les vaisseaux, Idoménée, accompagné de Mérion, passe à l'aile gauche et fait tête aux troupes d'Asius.

Les Troyens, en même temps, se rassemblent de toutes parts au lieu où Hector combattait. Ce guerrier, suivant l'avis de Polydamas, assemble un conseil; il en sort pour aller chercher les chefs les plus braves, avec leurs bataillons, et il s'avance avec eux contre Ajax.

Hector croyait avoir atteint l'objet de ses vœux, lorsque les généraux grecs, après avoir pansé leurs blessures, reviennent au combat. Hector lui-même est blessé, et les Troyens sont repoussés jusqu'au-delà du retranchement. Il les rallie, attaque encore une fois le fossé, le franchit et renouvelle le combat entre les vaisseaux et les tentes. Les Grecs battus cherchent un abri derrière le premier rang des vaisseaux, et écartent les Troyens à coups de rame. Ajax s'avance hardiment contre Hector; enfin celui-ci saisit la poupe du vaisseau qui avait apporté Protésilas, et y met le feu.

Mais ici le succès des Troyens est à son terme. Patrocle s'avance à la tête des Myrmidons, partagés en cinq colonnes serrées; les Troyens sont bientôt forcés de battre en retraite; la déroute se met dans leurs rangs; ils prennent la fuite. Patrocle traverse leur armée, en arrête une partie et fait un grand carnage entre les vaisseaux, le fleuve et la ville. Enivré de sa victoire et oubliant les ordres d'Achille, il poursuit les fuyards jusqu'aux murailles de Troie, et tente même l'assaut de la ville. Hector fait halte aux portes Scées, fond à son tour sur les Grecs, tue Patrocle, et poursuit les fuyards jusqu'à leur camp; ils emportent néanmoins le corps de Patrocle. Achille se présente sans armes aux Troyens. La seule vue de ce guerrier les arrête; ils passent la nuit dans la plaine, en face du camp. Polydamas leur conseille de se retirer dans la ville; Hector s'y oppose. Au point du jour, Achille revêtu de sa nouvelle armure, sort du camp. Ici se donne la quatrième et dernière bataille.

D'abord les deux armées déploient une valeur égale, mais enfin les Troyens cèdent et fuient vers le Scamandre. Achille les poursuit, et les sépare en deux troupes; l'une est assez heureuse pour se sauver dans la ville, l'autre est poussée dans le fleuve. Achille s'approche alors de la ville, où les Troyens étaient déjà entrés.

Hector seul reste hors des murailles; mais saisi de frayeur à la vue d'Achille, il prend la fuite, et après avoir couru trois fois circulairement (1) devant les portes Scées, il périt de la main de son vainqueur, près des sources du Scamandre.

---

(1) M. G...., dans ses notes sur le treizième livre de la traduction de Strabon, combat l'interprétation qu'un voyageur a donnée au mot περι dans l'épisode de la course des deux guerriers. « Les anciens grammairiens, dit-il, n'ont jamais pensé à cette interprétation, quoiqu'ils aient retourné de toutes les manières possibles le texte du poète, pour le plier à leurs opinions particulières. »

Sans nous occuper des efforts infructueux des anciens grammairiens, écoutons, au sujet de la course des deux guerriers, l'opinion de Heyne, le plus savant commentateur d'Homère qui ait paru depuis Eustathe. Voici comment il s'exprime dans ses notes sur le vingt-deuxième chant de *l'Iliade*, tome VIII, page 276 : « Movet autem admirationem vel maxime si audieris ter circa urbem fugam factam esse. Ulteriora hoc primo animi impetu nec admitti nec admittenda esse.... Quæ cum ita sint, ingeniosum illud commentum a L. C. et Dalzellio in medium positum in descriptionem Troadis admittendum esse. Quod ex ipsa re ducitur *non circa urbem*, sed præter murum ante urbem, cis et ultra modo huc modo illuc cursum factum esse. »

Écoutons encore sur le même sujet le colonel Leake : « It has justly been observed by L. C. that the word περι which has given rise to the erroneous interpretation of the passage means in other passages perfectly similar, *near* or *before* the city and not *round* it.

« Can't it be supposed that Homer intended to describe the heroes as following such a tract as must have concealed them entyrely from the view of the armies except a small portion of a circle? »

S'il m'était permis d'ajouter encore un mot à l'autorité imposante des Heyne et des Leake sur le περι, je rappellerais

Ici je m'arrête pour interroger les hommes de guerre de toutes les nations, qui ont combattu tant d'années sur le vaste théâtre de l'Europe; j'invoque surtout le témoignage de ce beau génie compagnon des héros, destiné sans doute à immortaliser un jour les victoires et les infortunes des Français.

Un peintre habile dessine tous les jours avec autant de facilité que d'élégance des scènes d'imagination; Voltaire décrit la bataille de Fontenoi et celles de Charles XII, mais y a-t-il un seul militaire français ou suédois qui puisse reconnaître ces batailles dans le tableau que Voltaire en a fait?

Il n'y a jamais que de l'obscurité, ou tout au plus de la vraisemblance, à chercher sur la guerre dans les historiens qui ne sont pas du métier; il ne faut s'en rapporter, pour tout ce qui regarde la tactique et la topographie, qu'à ces hommes auxquels il ne doit rien en coûter pour raconter ce qui s'est passé sous leurs yeux, ce qu'ils ont observé, ce qu'ils ont fait eux-mêmes.

C'est dans Thucydide, Polybe, Xénophon, Arrien, Josèphe, parmi les anciens; et parmi les modernes, dans les Condé, les Turenne, les Folard, les Frédéric, les Dumas, les Jomini, les Foy, les Ségur, etc., que sont développés avec ordre, simplicité et vérité, les récits des grandes opérations de l'offensive et de la défensive, les reconnaissances militaires, l'art des retranchemens, les siéges, les embuscades, les attaques de nuit, etc., etc.

Ce genre de connaissances ne se trouve ni dans Voltaire, ni dans le Tasse, ni dans Virgile lui-même.

La description de Virgile est plus ornée sans doute, mais celle d'Homère est plus martiale, et quoique plus détaillée, elle a plus de chaleur et de vérité.

Le tableau que le Tasse fait des armées qui se disputent la Terre Sainte, est entremêlé d'épisodes agréables et intéressantes, mais le Tasse est loin d'approcher de son modèle; il n'offre que la description des pays dont il parle, et ne dépeint pas ses guerriers avec des traits aussi énergiques. *On aperçoit,* dit Pope, *dans les poëmes d'Homère, qu'il a vu les lieux qu'il nomme.*

En effet, il exécute ses nombreux tableaux avec une fidélité topographique, une franchise, une hardiesse, et une liberté de pinceau qui n'appartient évidemment qu'*au poète guerrier,* à la fois acteur et témoin des scènes qu'il décrit.

« Homère, dit Paul Courier, chante ce qu'il a vu, non pas ce qu'il a lu, et il nous le faut lire non pas pour l'imiter, mais pour apprendre de lui à lire dans la nature. »

Les voyages de ce grand homme furent nombreux, et on aurait pu en composer des périples, si ses Mémoires avaient échappé à la faux du temps. Ce qu'il en a conservé dans ses deux poëmes, est à l'abri

---

le vol des deux aigles qui apparaissent au-dessus de l'assemblée des prétendans, au deuxième chant de *l'Odyssée,* qui font plusieurs tours en battant des ailes, qui marquent par leurs regards toutes les têtes coupables, et les menacent d'une mort prochaine.

Ἔνθα ἐπιδίνηθέν τε τιναξάσθην πτερὰ πολλά.

Le verbe δίνω est employé ici avec la préposition ἐπί, comme il l'a été dans *l'Iliade* avec la préposition περί. Les deux aigles tournent en rond au-dessus de l'assemblée des prétendans, comme les deux guerriers tournent en présence des Troyens placés sur leurs murailles.

Mais ce n'est pas seulement au sujet de la course d'Hector et d'Achille que M. G.... déclare la guerre à l'auteur du *Voyage de la Troade,* il l'attaque encore sur l'emplacement qu'il assigne à la capitale de Priam, en le fixant à Bounarbachi, près les sources du Scamandre. *Bella, horrida, bella.*

Ici le voyageur français trouve encore un puissant auxiliaire dans le colonel Leake, qui défend très habilement la position de Bounarbachi contre les attaques opiniâtres du savant traducteur.

« ....That it was precisely such a situation as the inhabitants of Greece and Asia in remote ages preferred, might be shown by a great variety of examples and it can hardly be doubted that a person totally unacquainted with the Ilias but accostumed to observe the positions of ancient Greek towns would on Bounarbachi for the set of the chief place of the surrounding country. » (*Journal of a Tour,* etc. ch. VI, p. 280.) (*Note de l'Auteur.*)

de tout septicisme. Il s'en faut bien que sa géographie soit erronée comme celle de l'historien d'Alexandre. Les villes sont situées, les montagnes s'élèvent, et les rivières ont leur cours dans *l'Iliade* et dans *l'Odyssée* comme dans la nature.

Comment un aveugle a-t-il fait pour décrire tant de pays avec tant d'exactitude? Celui qui a *déguisé en mendiant le héros de l'Odyssée lorsqu'il va combattre les amans de Pénélope, ne semble-t-il pas s'être caché sous le masque d'Ulysse pour tracer sa propre histoire.*

Je soumets cette idée hardie, mais neuve, aux lumières de l'homme de goût qui tient dans sa main la renommée des hommes et de leurs ouvrages.

C'est ainsi que les voyageurs et les commentateurs qui, comme Pope, ont soupçonné que ce poète sublime avait écrit ses propres aventures, les guerres où il avait combattu, et les régions qu'il avait parcourues, ont été entraînés par la force de la vérité.

Lorsqu'en 1790 un voyageur français annonça à la Société Royale d'Édimbourg qu'il existait à l'embouchure de l'Hellespont une vaste plaine arrosée de deux fleuves, dont l'un était remarquable par ses sources de température différente, qu'on voyait encore dans cette plaine les tombeaux des guerriers grecs et troyens, etc. Lorsque le même voyageur indiquait dans l'île d'Ithaque le port *Vathi*, le mont Nérite, la fontaine Aréthuse, et le rocher du Corbeau (Korax), aucune des sociétés savantes de l'Europe ne soupçonnait même l'existence de ces vénérables restes de l'antiquité; mais, lorsqu'ils furent accueillis par la Société Royale d'Édimbourg, des voyageurs de toutes les nations de l'Europe allèrent visiter ces pays éminemment classiques, et confirmèrent toutes les découvertes du voyageur français; dès-lors les sources du Scamandre, les tombeaux des guerriers grecs et troyens, etc.; la fontaine Aréthuse, le rocher du Corbeau, etc., ne furent plus regardés comme les rêves d'une imagination exaltée; et non seulement personne ne doute aujourd'hui de l'authenticité de ces monumens homériques, mais une grande partie de ces voyageurs s'accordent à croire qu'Homère montre une connaissance trop profonde des deux principaux théâtres de ses poëmes pour n'en avoir pas été l'un des principaux acteurs. Ouvrez les voyages du baronnet anglais William Gell, du savant Édouard Dodwell, de ces Pausanias modernes qui ne se sont pas bornés, comme l'ancien, à décrire les monumens, les sites, mais qui en ont de plus exposé les cartes les plus exactes et les dessins les plus fidèles à l'admiration du monde savant.

Écoutez J.-B. Morrit, membre du parlement d'Angleterre : « J'ai observé, dit-il, avec un grand plaisir, qu'il n'y a pas dans *l'Iliade* un seul événement dont on ne puisse fixer la place en quelque point de la plaine voisine du cap Sigée.

« De cette coïncidence avec la topographie, il faut nécessairement conclure que *les événemens sont réels et historiques, ou que le poète les a adaptés avec une exactitude merveilleuse qui conviendrait au théâtre qui se voit encore aujourd'hui à l'embouchure de l'Hellespont.* »

William Martin Leake (1) remarque d'abord avec grande raison, qu'aucun des anciens qui ont écrit sur la plaine de Troie, à l'exception d'Homère, n'a aussi bien connu les localités de cette plaine que les voyageurs modernes.

« Ils ne possédaient aucune des ressources, aucun des moyens que l'on possède aujourd'hui pour comparer le poëme avec la topographie des lieux qu'il décrit; ils n'avaient ni cartes, ni vues dessinées avec exactitude; ils ne pouvaient donc pas former des conjectures, ni en tirer les conséquences qui ont successivement éclairé les recherches des modernes.

« N'est-il pas en effet singulier que Strabon, qui avait voyagé à Corinthe, c'est-à-dire à quelques milles de Mycènes, ignorait l'existence des immenses ruines de cette ville, et qu'il assurait qu'il n'en restait aucun vestige. Il ne fait également aucune mention de plusieurs villes dont les voyageurs modernes ont retrouvé des ruines considérables. »

---

(1) *Journal of a Tour through Asia minor.*

Diodore de Sicile nous représente Mycènes comme entièrement détruite.

Tite Live anéantit également plusieurs villes d'Italie dont on retrouve encore les murailles, les portes et les tours, dans un état de conservation presque parfaite.

« Puisqu'on a constaté, ajoute le colonel, l'identité du théâtre de *l'Iliade* avec le pays qui se trouve sur la côte d'Asie, à l'embouchure de l'Hellespont, il ne paraîtra pas inutile d'assurer avant tout que si la guerre de Troie est un événement vraiment historique, comme il n'y a guère lieu d'en douter à moins d'ébranler l'édifice entier de l'histoire profane, il n'y a point de pays sur le globe dont les traits rappellent plus exactement la plaine de Troie décrite par Homère, que celui qui s'étend entre *Koum Kalé* et *Bonnarbachi* (1), puisque dans cet espace et dans les objets qui l'environnent, on retrouve les montagnes, les fleuves, les vallées, les mers et les îles dans les positions mêmes indiquées par le poète, et quelques uns de ces objets portant encore les mêmes noms que le poète leur donne.

« Les traits qui ne s'accordent pas aussi bien avec les descriptions du poète, sont ceux qui sont naturellement soumis aux altérations des siècles. Le cours et la dimension des rivières, l'étendue et la direction des côtes basses, où les eaux se jettent dans la mer, etc., etc. Ainsi, au lieu d'une rivière formée de deux branches qu'Homère semble décrire, nous trouvons d'un côté de la plaine un large torrent réduit dans la belle saison à un faible ruisseau et à quelques flaques d'eau; de l'autre côté, un intarissable ruisseau, qui, au lieu de se réunir au premier comme il le faisait autrefois, est détourné de sa pente naturelle, et va se jeter, par un canal artificiel, vers un autre point de la côte.

« Le premier de ces fleuves est un large torrent; le dernier est un agréable petit ruisseau; mais les dimensions étroites des fleuves les plus célèbres de l'antiquité sont bien connues de ceux qui ont voyagé en Grèce, et il faut considérer qu'un poète qui peint une scène vraie, est forcé de grandir des traits, qui, rendus sans un peu d'exagération, resteraient au-dessous de la dignité de sa verve.

« Quant au cours des fleuves, il paraît suffisant de les retrouver tous deux, après trois mille ans, arrosant la même plaine, ne s'y réunissant plus, à la vérité, mais conservant encore des traces incontestables de leur ancienne réunion.

« Les deux sources du joli ruisseau qu'Homère place sous les murailles de Troie, s'y font encore remarquer par les qualités singulières qu'il leur donne, et au pied d'une éminence qui domine la plaine.

« Cette éminence se trouve placée à une distance suffisante de la mer pour être garantie des attaques des pirates. Dans le voisinage de sources très abondantes, elle occupe une position saine, forte, dominée par une citadelle inaccessible aux flèches lancées des hauteurs voisines, et défendue sur ses derrières par des rochers fort escarpés, par une vallée profonde et un large torrent. Enfin, elle est entourée de montagnes couvertes des bois nécessaires à sa consommation.

« C'était précisément des positions semblables à celle-ci que les anciens habitans de la Grèce choisissaient pour l'emplacement de leurs villes. Sans aucun doute, l'homme qui n'aurait aucune connaissance du poème de *l'Iliade,* ferait sagement de fixer à Bonnarbachi l'emplacement d'une ville destinée à commander tout le pays d'alentour.

« Les conséquences nécessaires de la situation de Troie sur l'éminence de Bonnarbachi, sont : 1°. que la petite rivière formée par les deux belles sources qui avoisinent ce village, est bien véritablement le Scamandre d'Homère; 2°. que le large torrent qui roule ses eaux avec impétuosité dans le ravin profond à l'est de ces hauteurs, est le Simoïs; 3°. enfin, que, malgré la plus grande largeur de ce dernier fleuve, lorsqu'ils étaient tous deux réunis, leur réunion porta le nom de Scamandre, parce que le Simoïs était souvent à sec, et que le Scamandre ne tarissait jamais.

« Pour ce qui regarde les tombeaux qu'on voit aujourd'hui dans la plaine de Troie, il paraît indubi-

---

(1) Voyez la carte de la plaine de Troie.

Source chaude.

Sources froides.

table, continue le savant colonel, que ceux qui se trouvent dans une situation apparente et remarquable des deux côtés de l'embouchure du Scamandre, sont bien véritablement les tombeaux que les Romains regardaient, et probablement avec raison, comme ceux d'Ajax, d'Achille, etc., et ces *monumens sont tellement importans, qu'ils prouvent l'identité de la plaine de Mendère avec la scène de l'Iliade.*

« On voit un monument de la même espèce sur le sommet de la montagne qui domine le château des Dardanelles d'Europe, et un autre encore à l'endroit où se trouve le second château. Ce dernier a été décrit par Strabon (1) comme le tombeau d'Hécube, et le premier comme le tombeau de Protésilas.

« Au sujet des sources de Bonnarbachi, on a prétendu qu'elles ne pouvaient pas être celles du Scamandre parce que, suivant Homère, elles étaient seulement au nombre de deux et qu'aujourd'hui les Turcs en comptent jusqu'à quarante.

« On a de plus observé qu'elles sont toutes de la même température, mais en langage poétique comme en langage familier on peut bien dire que cette rivière avait deux sources, puisqu'elles sont réellement à la distance de plus de deux cents toises l'une de l'autre, que l'une jaillit d'un bassin profond et est souvent couverte d'une épaisse fumée, tandis que l'autre se compose d'un nombre de petits ruisseaux qui sortent du fond des rochers, forme un large bassin d'où elle s'échappe pour aller joindre l'autre source, en traversant une forêt de joncs, et fait, à peu de distance, tourner un moulin.

« Les observations des voyageurs sur la température de ces sources donnent des résultats tous différens.

« Suivant les uns, la température des deux sources est la même dans toutes les saisons, c'est-à-dire 12 degrés de Réaumur, 60 de Fahrenheit; d'où il suit qu'elles paraîtraient froides quand l'air extérieur serait à 70 et 80 degrés, et chaudes quand il serait à 40 ou 50. D'ailleurs la vapeur seule qui s'élève de la source chaude et qui couvre tous les environs suffit bien pour justifier l'expression du poète. »

Au nombre des témoignages imposans qu'on vient de citer sur la coïncidence des localités de la plaine de Troie avec le poëme de l'*Iliade*, il ne faut pas oublier celui du célèbre Wood, qui parut il y a cinquante ans dans cette plaine, après avoir bravé les déserts et les sables de Palmyre pour nous en faire connaître les monumens.

« Si l'on prend, dit-il, la peine d'extraire de l'*Iliade* le simple journal du siége de Troie, dépouillé de tous les ornemens de la poésie, on trouvera que ce journal contient un récit exact des événemens militaires, appuyés de la parfaite coïncidence de temps et de lieu que l'histoire exige; en sorte qu'Homère est non seulement le plus admirable des poètes, mais encore le copiste le plus fidèle de la nature. »

Si de pareilles autorités ne permettent pas de douter que l'auteur de l'*Iliade*, quel qu'il soit, n'ait bien vu et bien étudié la plaine de Troie, il faut de toute nécessité admettre, ou qu'il a fait partie de l'armée d'Agamemnon, ou qu'il est venu, quelques siècles après, se placer sur le cap Sigée ou sur le Pergama pour y méditer le plan de l'*Iliade*, pour en adapter tous les épisodes à toutes les localités de la plaine, pour soutenir enfin pendant douze chants les récits de tous les combats généraux et particuliers qui s'y sont livrés, sans s'écarter un seul instant de la vérité topographique du sol qui en a été le théâtre.

Il serait également nécessaire d'admettre que l'auteur de l'*Odyssée*, quel qu'il soit aussi, ait fait un long séjour dans l'île d'Ithaque, comme plusieurs auteurs l'ont en effet prétendu, et que du sommet du Nérite ou du rocher Korax il ait tracé le plan de l'*Odyssée*... *Credat judæus Apella.*

Il est donc indubitable et rigoureusement prouvé que l'auteur des poëmes sur la guerre de Troie a fait partie de l'armée d'Agamemnon.

---

(1) Un jeune Français, le vicomte de Bussières, au retour d'un beau voyage qu'il vient de faire en Égypte, en Nubie, en Arabie et dans la Grèce, écrivit dernièrement en ces termes à un de ses intimes amis :

« Tous mes doutes sur la guerre et les monumens d'Ilion sont dissipés. Assis au sommet de Bonnarbachi, j'aperçois à mes

Suidas nous apprend que Palamède, un des héros de cette armée, était un excellent poète, et qu'il avait écrit, au sujet de cette guerre, un poëme en caractères doriques dont il était l'inventeur, et qu'il y inséra un grand nombre de traits satiriques contre *Agamemnon* et contre *Ulysse*, ses deux mortels ennemis. Sur cela on a imaginé que ses écrits avaient été supprimés par les descendans d'Agamemnon, et qu'*Homère, qui n'était pas si aveugle qu'on l'a cru, acheva de supprimer tout ce qui en restait*, pour se conserver seul dans la postérité, et y passer pour le premier *auteur de l'Iliade*.

Ce passage de Suidas est infiniment remarquable, et pourrait donner lieu à des soupçons très fâcheux sur le caractère d'Ulysse, si ce héros ne s'était pas constamment fait connaître par ses vertus et son noble courage.

On a cru, dans l'antiquité, que Palamède avait trahi l'armée grecque, et qu'Ulysse, ayant fait enterrer de l'or dans la tente de ce prince, avait persuadé au conseil de l'armée que cet or avait été envoyé à Palamède pour prix de sa trahison, et l'avait ainsi fait condamner et lapider.

Philostrate est de tous les anciens celui qui a reproché avec le plus d'acharnement cette fourberie à Ulysse, et qui a aussi le plus hautement accusé Homère de n'avoir pas prononcé le nom de Palamède dans son *Iliade; comme si ce poète avait eu l'intention de pallier le crime d'Ulysse, ou s'il l'avait lui-même partagé.*

Certes, si Ulysse avait inventé un pareil stratagème pour se défaire de Palamède comme d'un rival dans la guerre, cette action horrible souillerait déjà suffisamment sa renommée; mais si l'on suppose que le fils du roi d'Ithaque était aussi poète comme le fils du roi d'Eubée, qu'il l'ait fait périr par jalousie de son talent, jalousie malheureusement si commune entre les hommes de génie, et qu'ayant déjà commencé comme lui des poëmes sur la guerre de Troie, il ait affecté, dans la suite, de garder sur lui le silence le plus profond, il mériterait sans doute d'être dévoué à l'exécration des siècles : mais, outre que la vie entière du fils de Laërte ne présente partout que des traits honorables à son caractère, il ne serait pas moins injuste de lui imputer la mort de Palamède que l'abandon de Philoctète dans l'île de Lemnos, puisque ces deux jugemens furent prononcés par le conseil assemblé de tous les généraux grecs.

Mais enfin, comme le nom de Palamède ne se trouve décidément prononcé nulle part dans le poëme de *l'Iliade*, l'opinion de Suidas, celle de Philostrate et de toute l'antiquité ne peuvent, jusqu'à certain point, être admises en preuve du système qu'il s'agit d'établir sur le véritable auteur de *l'Iliade*. (1)

---

pieds la vaste plaine arrosée par l'impétueux Simoïs et le divin Scamandre, dont les bords sont couverts de fleurs. *L'Iliade* à la main, je lis en même temps la description des nombreux combats dont cette belle plaine a été le théâtre.

« Oserai-je ici vous faire part d'une idée singulière que m'a inspirée la vue de ces lieux enchanteurs, et l'admirable vérité des tableaux d'Homère?... Oui, je veux vous la communiquer, dussiez-vous la trouver un peu chimérique.

« Il me paraît démontré que le poëme de *l'Iliade* ne peut être l'ouvrage que de l'un de ses héros, et que ce héros ne peut être que celui qui, après avoir détruit les remparts de Troie, parcourut les cités de peuples nombreux, et s'instruisit de leurs mœurs.

Επει Τροιης ιερον πτολιεθρον επερσε
Πολλων δ' ανθρωπων ιδεν αστεα και νοον εγνω.

(1) « Il fallait, dit Pope (dans son *Essai sur la Vie d'Homère*), que ces vers de Palamède fussent d'une beauté bien singulière, pour engager un si grand génie qu'Homère à vouloir s'en faire honneur; et, en ce cas, est-il possible que le goût général des hommes pour les belles choses ne nous ait pas conservé du moins quelques lignes de ces œuvres admirables? »

Au reste, cette rivalité entre Ulysse et Palamède, si elle a réellement existé, donne lieu à des remarques très nombreuses et très importantes, que le lecteur ne manquera pas de faire.

Que Palamède, auteur d'un beau poëme sur la guerre de Troie, ait trahi l'armée d'Agamemnon, et qu'Ulysse, également poète lui-même, l'ait accusé par jalousie de son talent, et ait porté la malice jusqu'à dissimuler, dans *l'Iliade*, le nom de son rival, peu importe; on ne saurait, dans tous les cas, se refuser à croire qu'il y avait des héros poètes dans l'armée d'Agamemnon.

Il s'agit donc de chercher parmi les autres héros mentionnés dans le poëme, celui sur lequel on doit jeter les yeux, et fixer le choix le plus honorable qu'aucun mortel ait jamais mérité.

Si parmi les héros de *l'Iliade* il s'en trouvait un qui se fût constamment distingué par sa piété envers les dieux, par son courage et son dévoûment pour la patrie et pour son roi; qui se fût montré l'époux le plus fidèle, le père le plus tendre et le fils le plus respectueux;

Si ce héros avait voyagé chez tous les peuples connus de son temps pour en connaître les mœurs et les cités; si, par son adresse, son éloquence et son courage, il avait constamment dirigé l'armée d'Agamemnon dans les sentiers de l'honneur et de la victoire, et l'avait enfin rendue maîtresse de Troie; s'il avait obtenu partout la prééminence sur les autres héros de *l'Iliade* et de *l'Odyssée*, ne pourrait-on pas hardiment le déclarer l'auteur du premier de ces poëmes, surtout après avoir suffisamment montré que personne autre que lui ne pouvait être l'auteur du second, qui n'est, après tout, que le récit de ses propres aventures fait par lui-même.

Mais au cas qu'une masse aussi imposante de probabilités jointes à tant d'argumens sans réplique, ne suffisent pas pour triompher d'une incertitude enracinée et appuyée sur l'autorité de tant de siècles, examinons si le sage et l'éloquent Nestor ne nous aurait pas laissé entrevoir assez clairement qu'Ulysse avait partagé avec lui les honneurs du *dénombrement* des nations grecque et troyenne, de ce deuxième chant de *l'Iliade*, plus étonnant peut-être que le poëme tout entier; de ce chef-d'œuvre à jamais inexplicable, s'il n'est pas l'ouvrage de deux poëtes-rois qui réunissaient toutes les connaissances de leur siècle, en histoire, en politique, en éloquence, en géographie et même en agriculture.

J'ouvre le chant XI de *l'Iliade* et j'y trouve ce passage très remarquable et trop peu remarqué:

« Lorsque nous fûmes envoyés, *Ulysse et moi*, dit Nestor, pour rassembler les braves de toute la Grèce, si féconde en guerriers. »

Λαον αγειροντες κατ' Αχαιδα πουλυβοτειραν.

Aucun des commentateurs, anciens ou modernes, n'a attaché à ce beau vers le prix et l'importance dont il est digne, puisqu'il renferme l'explication nette et claire du *dénombrement*.

Madame Dacier est la seule qui ait fait à ce sujet une remarque pleine de sens et de raison, mais elle ne l'a pas assez approfondie.

« Nestor et Ulysse, dit-elle, furent choisis pour aller dans tous les États de la Grèce exhorter les princes à s'unir pour l'expédition contre les Troyens; ces deux princes étaient les deux seuls capables de rassembler les braves de leur patrie pour les mener à l'ennemi, et de parcourir toute *la Grèce* à une époque où *les voyages*, comme le dit Suidas, *étaient si coûteux;* mais il ne s'agissait pas seulement d'armer le continent de la Grèce et ses soldats, il fallait bien aussi mettre en mouvement les souverains de la mer Égée et leurs matelots, tous les Grecs en un mot, qui devaient diriger la flotte d'Agamemnon et combattre les Troyens.

Si le grand âge de Nestor le força de limiter alors ses services au continent de la Grèce, il est vraisemblable qu'Ulysse, l'infatigable Ulysse, accompagné d'un autre prince jeune et actif acheva le recrutement de la mer Égée; il paraît au moins qu'il n'était pas étranger aux expéditions qui avaient lieu dans cette mer, puisque, *suivant l'opinion générale de l'antiquité*, ce fut lui qui fut chargé d'aller chercher Néoptolème dans l'île de Scyros, de ramener Philoctète de Lemnos à l'armée; et il était, certes, plus difficile d'arracher le fils d'Achille des bras de sa mère et de réconcilier le fils de Péan avec les Atrides que d'engager les rois de Crète et de Rhodes, Idoménée et Tlépolème à suivre les drapeaux d'Agamemnon. (1)

---

(1) Strabon nous apprend que les habitans de Méthone refusèrent d'obéir aux envoyés d'Agamemnon chargés de lever chez eux des matelots.

Dans cette double conscription du continent et des îles, Ulysse dut acquérir à grands frais et par d'immenses fatigues une connaissance parfaite de la Grèce.

Ce beau génie put aussi, pendant ses ambassades à Troie, et pendant les dix années qu'il fit la guerre aux Troyens, apprendre à connaître le royaume de Priam, et les États de ses nombreux alliés les Mysiens, les Phrygiens, les Cariens, les Méoniens, les Paphlagoniens, les Chalybes et les Halyzoniens.

On a remarqué avec grande raison, que l'auteur de *l'Iliade* avait donné, du royaume de Priam, une description beaucoup moins complète et moins détaillée que des royaumes de la Grèce.

Cette différence est en effet très digne de remarque, et elle prouve en même temps d'une manière incontestable et sans réplique, que ce grand homme n'était pas originaire d'Asie, comme on l'a généralement cru chez les anciens et chez les modernes, car il aurait certainement mieux connu son pays natal que celui de la Grèce, et il n'aurait pas d'ailleurs proclamé dans ses poëmes une préférence aussi constante et aussi décidée pour les ennemis de l'Asie, et des sentimens aussi hostiles aux Troyens, qui, dans ce cas, auraient été ses voisins et ses compatriotes.

J'ai montré ci-dessus qu'Ulysse, dans son *Odyssée*, avait présenté le tableau le plus exact de l'île d'Ithaque, je viens de montrer qu'il a été témoin oculaire des batailles de *l'Iliade*.

Il reste maintenant à vérifier l'exactitude qu'il a montrée dans la description des régions du Catalogue, cet immortel ouvrage, je le répète, à jamais inexplicable, s'il n'était pas l'ouvrage d'un ambassadeur illustre accrédité par le roi des rois auprès de tous les souverains de la Grèce.

Je quittai donc la plaine de Troie pour aller étudier d'abord le royaume de Priam, depuis la Paphlagonie jusqu'à la Lycie; je visitai ensuite le pays des Érembes, l'Égypte et la Thèbes aux cent portes, dont les ruines immenses sont encore debout; je voyageai dans toutes les îles de la mer Égée, et dans tout le continent de la Grèce, où j'étudiai surtout la cité d'Érechtée, déjà célèbre aux temps héroïques par son temple de Minerve; je parcourus l'Argolide, fertile en beaux chevaux; l'Achaïe, renommée par la beauté des femmes; les plaines abondantes de Mycalesse, les rochers arides de Pitho, l'Épidaure aux beaux vignobles, et l'agréable Thisbé, encore aujourd'hui, comme alors, le séjour chéri des colombes. Je vis en un mot tous les trésors de la Grèce, le pays le plus riche du globe en beaux sites, en belles ruines et en beaux souvenirs.

Deux célèbres voyageurs anglais, Édouard Dodwell et sir William Gell, avaient exécuté avant moi le voyage général de la Grèce, et en avaient dessiné et décrit tous les monumens.

C'est à eux que je dois le petit nombre de ceux dont j'ai enrichi cet ouvrage, afin de prouver au moins par quelques exemples des plus frappans, que l'auteur du Catalogue de *l'Iliade* en avait décrit les monumens et les sites avec autant d'exactitude et de vérité que *l'île d'Ithaque et la plaine d'Ilion*. Le premier de ces tableaux nous présente le temple de Minerve au promontoire *Sunium*.

C'est dans cette partie du continent de la Grèce qui regarde les Cyclades et la mer Égée, que j'ai abordé pour la première fois.

Le promontoire de *Sunium* s'élève à l'entrée de l'Attique; au bas est une rade, et au haut sont les ruines d'un temple antique, autrefois dédié à Minerve Suniade.

De ce monument, qui s'élève à une grande hauteur au-dessus de la mer, on jouit d'un des plus beaux points de vue de la Grèce. On découvre plusieurs îles de la mer Égée, les hautes montagnes de l'Eubée, les flancs déchirés du cap Géreste, célèbre par ses tempêtes et ses pirates; enfin, les rochers de Capharée, où périt la flotte des Grecs à son retour de Troie.

L'auteur de *l'Odyssée*, en nous apprenant que Ménélas enterra son pilote à Sunium, donne à ce promontoire le nom de *Pointe Sacrée* de l'Attique, sans doute parce que dès-lors quelque divinité y avait un temple.

Certains voyageurs ont prétendu que l'élégance de ce monument indique une époque encore plus

Temple de Minerve à Sunium.

Temple de Jupiter a Égine
Vallée de Tempé
Ruines d'Orchomène
Lith. de Langlumé

récente que celle du Parthénon d'Athènes, et par conséquent beaucoup moins ancienne que celle du retour de Ménélas.

S'il fallait cependant juger de son antiquité d'après l'état de ruine dans lequel il se trouve, et d'après les excavations immenses creusées par la mer jusque sous ses fondemens, si l'on compare d'ailleurs les colonnes frustes de ce temple avec les profils purs et les cannelures du Parthénon, dont les arêtes sont aussi vives que si elles sortaient de la main du sculpteur, on serait très tenté de croire qu'il existait déjà du temps de la guerre de Troie. Il est certain du moins qu'il existait huit siècles après, puisque Platon, du fond de son vestibule, expliquait à ses disciples la formation du monde, et leur annonçait au bruit du tonnerre l'existence d'un Dieu unique, immuable et infini. Du haut du promontoire de Sunium, je descends à l'île d'Égine (1) pour y voir les ruines du temple de Jupiter, qui ne date pas à la vérité du temps de la guerre de Troie, mais qui doit être d'une très haute antiquité, puisqu'à l'époque très reculée où Amasis permit aux Grecs de bâtir des temples en Égypte, les Éginètes en élevaient déjà un à Jupiter, peut-être celui dont on admire aujourd'hui les ruines.

L'île d'Égine faisait partie des États de Diomède, et contribua sans doute à la guerre de Troie, puisque, peu de siècles après cette guerre, les habitans d'Égine menèrent dix-huit vaisseaux à la bataille d'Artémisia, et soixante-dix contre les Athéniens.

En quittant l'île d'Égine, et faisant voile vers Trézène, autre ville des États de Diomède, je contemplais avec tristesse toutes les ruines dont j'étais entouré. Le Pirée, Athènes, Mégare, Corinthe, villes autrefois fameuses, aujourd'hui renversées de fond en comble, et ensevelies sous leurs débris.

A cette vue, je ne pouvais m'empêcher de m'écrier avec le consolateur de Cicéron : « Hélas! comment pouvons-nous être surpris de la mort de nos amis, quand nous avons sous les yeux les cadavres de tant de villes florissantes! »

Il est à présumer qu'Ulysse et Nestor commencèrent le recrutement des braves de la Grèce par la Béotie, et peut-être par la riche Orchomène. Cette ville, célèbre par ses richesses au temps de la guerre de Troie, laisse apercevoir encore au village de *Skripou*, quelques ruines de ses anciennes forteresses, et quelques vestiges de son ancienne magnificence.

Au pied de la montagne où l'on voit encore les restes de son acropolis, et au nord du fleuve Céphise, j'ai distingué quelques murailles du trésor de Mynias, que Pausanias appelle une des merveilles de la Grèce. Était-ce à cause de la magnificence de ce monument, que l'auteur de *l'Iliade* appelle cette ville *l'Orchomène de Mynias*, ou bien parce qu'elle avait été fondée par Mynias, petit-fils de Neptune?

Quoi qu'il en soit, il paraît que la richesse d'Orchomène était proverbiale au temps d'Homère, puisque Achille dit aux ambassadeurs d'Agamemnon : « Quand il m'offrirait dix fois et vingt fois autant de richesses qu'il en possède, et qu'il y ajouterait encore les trésors qui entrent dans la Thèbes aux cent portes et dans Orchomène. »

Ουδ' ει μοι δεκακις και εικοσακις τοσα δοιη, etc.

Ουδ' οσα ες Ορχομηνον, etc.

---

(1) L'île d'Égine avait autrefois bien mérité le nom d'illustre Δωριεεπεα que Pindare lui donne, s'il est vrai que ses habitans introduisirent les premiers dans la Grèce le commerce, l'industrie et les monnaies; mais elle le méritera mieux encore de nos jours, puisque Dieu a permis que les souverains de l'Europe y aient scellé l'indépendance de la Grèce par la main d'un Grec même honoré de leur confiance.

Combien il est noble le sacrifice des ambitions. des intérêts et des rivalités de ces grandes monarchies, au salut d'un si petit peuple! Leurs généreux efforts pour la paix du monde et le bonheur de la Grèce sont prodigieux sans doute, et inouïs dans les fastes de l'histoire, mais aussi elle était digne d'être sauvée par un miracle cette nation spirituelle et courageuse, choisie autrefois par la Providence pour porter dans l'univers le flambeau de la religion, après l'avoir enrichi de ses inimitables chefs-d'œuvre.

C'est à Égine qu'ont été découvertes, par MM. Cockerel, Forster. Linck et Haller. les statues qu'on admire aujourd'hui dans le magnifique monument élevé aux beaux-arts par S. M. le roi de Bavière.   (*Note de l'Auteur.*)

Les ruines immenses de la Thèbes aux cent portes sont encore debout; celles de la riche Orchomène ont disparu.

D'Orchomène, je me transportai à la vallée de Tempé, que j'avais fixée pour le terme de mes recherches dans le nord de la Grèce.

Cette vallée, la plus délicieuse qu'il y ait peut-être au monde, s'étend dans l'espace de cinq milles entre deux rochers majestueux de l'Olympe et de l'Ossa, que la nature semble avoir déchirés pour ouvrir un passage au fleuve Pénée.

Ces rochers, taillés à pic, et d'une hauteur prodigieuse, sont des accidens de la nature très communs dans la Grèce. Un des plus extraordinaires de ce genre que j'aie observés, après celui de la vallée de Tempé, est celui qui établit la communication du golfe d'Égine avec celui de Poros et de Trézène.

Le fleuve Pénée, le plus grand de la Thessalie, est navigable pendant la moitié de son cours; il roule ses eaux, tantôt paisiblement, tantôt avec fracas, à travers des prairies verdoyantes et des bosquets de lauriers-roses, de térébinthes, de myrtes, de romarins, et de mille autres plantes odoriférantes qui embaument l'air de leurs parfums.

Des chênes, des sapins et des cyprès couronnent les sommets des deux montagnes voisines du fleuve. D'autres grands arbres, qui croissent aussi sur ses bords, réunissent leurs branches flexibles, et forment une voûte de leur feuillage touffu sur la tête des navigateurs, pour leur procurer une agréable fraîcheur, et les garantir de l'ardeur du soleil.

Des milliers d'oiseaux font entendre de toutes parts leurs harmonieux concerts, comme pour charmer l'oreille des voyageurs qui traversent ce séjour enchanteur.

Parmi les nombreux ruisseaux qui tombent de l'Olympe et de l'Ossa dans le Pénée, j'en ai remarqué un qui sort d'une roche escarpée, et dont les eaux semblent surnager comme de l'huile, jusqu'à une distance considérable sur celles du Pénée.

C'est évidemment ici le *Titarésus* d'Homère. (1)

> Οὐδ' ὅγε Πηνειῷ συμμίσγεται Ἀργυροδίνῃ
> Ἀλλά τε μιν καθύπερθεν ἐπιρρεῖ ηὖτε ελαιω.

Après la vallée de Tempé, l'objet le plus curieux et le plus intéressant que j'aie vu dans la Thessalie, est sans contredit la fontaine Hypérie.

Les peuples qui habitaient Orménium et la fontaine Hypérie, étaient commandés par Eurypile, fils d'Évémon, qui avait quarante vaisseaux. Hector, en faisant son dernier adieu à Andromaque, lui dit : « Je sais qu'un jour viendra, la ville sacrée de Troie périra avec son peuple et son roi. Mais, ni la chûte de cet empire, ni la mort d'Hécube, ni celle de Priam, ni celle de tous mes frères qui mordront la poussière sous les coups de nos ennemis, ne font point sur moi une aussi terrible impression que cette affreuse pensée, que quelqu'un des princes grecs vous mettra dans ses fers, et, insultant à vos larmes, vous menera captive dans ses États; que là, aux yeux de tous les peuples d'Argos, exposée aux dédains d'une maîtresse superbe, vous travaillerez à ses ouvrages, ou même, que, pour plus grande indignité, vous serez réduite à aller puiser de l'eau, comme la plus vile esclave, dans la fontaine Hypérie, etc. »

> Καὶ κεν ὕδωρ φορέοις Μεσσηΐδος, ἢ Ὑπερείης
> Πόλλα αεκαζομένη.

---

(1) Strabon et Pline ont évidemment mal interprété le sens d'Homère, en exaltant la pureté des eaux du Pénée, qui ont toujours été blanchâtres, puisqu'elles coulent sur un sol argileux à travers toute la plaine de Thessalie.

C'est M. Dodwell qui le premier a donné à ces vers d'Homère leur véritable interprétation ; je ne fais ici que confirmer son observation.   (*Note de l'Auteur.*)

Fontaine Mycène.

Lac Stymphale.

Galerie Cyclopéenne de Tirynthe.

Porte des Lions à Mycène.

La fontaine Hypérie était située au milieu de la ville de Phères, qui existait avant l'expédition des Argonautes, puisqu'elle avait été fondée par un des ancêtres de Jason.

Le village grec connu aujourd'hui sous le nom de *Bélestina*, voisin de la fontaine Hypérie, occupe l'emplacement de la ville de Phères; et les jardins dont il est entouré sont encore aujourd'hui, comme autrefois, plantés de palmiers, de peupliers, de cyprès et de platanes, dont l'agréable feuillage se réfléchit dans les eaux pures de cette belle fontaine, qui, suivant Sophocle, était agréable aux dieux eux-mêmes.

Υπερεια κρηνη ναμα θευφιλεσ'ατον.

Après avoir suivi l'auteur du Catalogue depuis le promontoire de *Sunium* jusqu'au nord de la Grèce, et vérifié partout l'exactitude de ses descriptions, je dirigeai mes recherches vers le royaume de Pélops. C'est là surtout qu'ils se trouvent en abondance les souvenirs et les monumens homériques.

Les peuples de l'Arcadie, venus du mont Cyllène, où naissent les hommes intrépides; ceux qui venaient de la riante montagne de Tégée et de Stymphale, étaient tous commandés par le vaillant *Agapénor*.

Mais Agamemnon leur fournit quarante vaisseaux bien équipés; car les travaux de la mer étaient étrangers à ces peuples pasteurs.

La ville de Stymphale était une des plus grandes de l'Arcadie; on en voit quelques vestiges sur les bords du lac qui porte encore aujourd'hui son nom. Ce lac n'est pas d'une grande étendue; ses eaux se précipitent dans un gouffre (καταβατρον) et reparaissent près d'Argos après avoir parcouru sous terre un espace de deux cents stades.

Cette curiosité physique est mentionnée par Hérodote, Diodore de Sicile, Strabon et Pausanias.

Iphicrate, général athénien, assiégeant la ville de Stymphale, et voyant qu'il ne pouvait réussir à la prendre, entreprit, dit Strabon, de boucher les gouffres par où les eaux s'écoulaient; mais des signes du ciel le détournèrent de son entreprise.

Jusqu'ici j'avais bravé, dans mes longs voyages, l'intempérie de toutes les saisons et de tous les climats; mais une fièvre ardente, qui me saisit au moment même où j'arrivais au lac Stymphale, me rappela ces oiseaux monstrueux armés d'ongles de fer qui lançaient des flèches contre les passans, et dont la destruction fut un de plus difficiles travaux d'Hercule.

Je me hâtai de quitter ce pernicieux séjour pour aller respirer le bon air de Tyrius.

Eustathe dit que Tyrius était appelée, par *Homère*, la ville *aux fortes murailles*, τιρον'θα τειχιοεσσαν, parce qu'elle avait été bâtie par les Cyclopes.

Pausanias compare les murailles de Tyrius à celles du trésor de Mynias à Orchomène, et aux pyramides d'Égypte.

Le monument le plus curieux que j'aie observé à Tyrius est une galerie dont il n'est pas aisé de deviner l'usage, mais dont les murailles sont tout-à-fait dans le style des monumens égyptiens.

J'en ai trouvé de la même espèce dans les villes les plus anciennes de l'Italie, telles que Cora, Alatrium et Norba, colonies des Pélages.

En quittant les murailles cyclopéennes de Tyrius, j'étais encore en proie aux accès de fièvre dont j'avais été attaqué au lac Stymphale, mais mon mal disparut comme par enchantement à l'instant où j'approchai des ruines de Mycènes; celles de Delphes, d'Athènes, de Corinthe, de la Thèbes d'Égypte. ne m'avaient pas inspiré une vénération aussi profonde que l'entrée de la citadelle d'Agamemnon.

Au-dessus d'une porte de soixante pieds de hauteur, je remarque un bas-relief représentant une colonne entre deux lions, qui semblent en être les gardiens, et dont le style rappelle ceux qui se trouvent sur les pyramides d'Égypte et sur les monumens étrusques.

Ce morceau de sculpture est regardé comme le plus ancien de la Grèce, et il fut sans doute apporté des bords du Nil par les premières colonies égyptiennes qui s'établirent dans le Péloponèse.

Qu'on se figure le grand Agamemnon, ce roi des rois, partant pour l'Aulide à la tête de ses bataillons, et sortant de la citadelle de Mycènes par cette même porte qui est encore debout et dont on voit ici le tableau le plus fidèle !

Je pourrais étendre davantage le journal de mon voyage à Corinthe, à Argos, à Lacédémone et autres lieux chantés par Homère; mais quand il serait possible de rassembler sur ce sujet les douze livres d'Appollodore l'Athénien, les vingt-trois de Menogènes, les cinquante de Démétrius de Scepsis, on ne viendrait pas à bout d'épuiser ce riche et précieux dépôt, auquel Solon lui-même croyait devoir en appeler pour justifier les droits d'Athènes sur Salamine contre les prétentions de Mégare.

Je me hâte donc d'arriver sur les bords de l'Alphée (1), à l'endroit où Nestor se dérobant à la surveillance de son père, signala pour la première fois sa valeur contre les belliqueux Épéens, et d'atteindre le port où Télémaque s'embarqua à son retour de Sparte; je fus très tenté, je l'avoue, de suivre le fils d'Ulysse le long des rivages de l'Élide et de retourner comme lui dans ma chère Ithaque; plût à Dieu que j'eusse obéi à cette inspiration! J'aurais, comme lui, retrouvé mon père en vie après une longue absence et beaucoup de malheurs; mais il me restait une dernière tâche à remplir, celle de suivre les traces du héros-poète dans les mers d'Afrique, de Sicile, d'Italie, dans l'Océan Atlantique, en Ibérie, sur les bords du Rhin et jusqu'en Calédonie, afin de constater partout sa présence et l'admirable vérité de ses descriptions.

Afin de trouver des occasions favorables à l'exécution de ces nouveaux voyages, j'allai m'embarquer dans ce port de Navarin qui allait bientôt devenir le théâtre d'un combat mémorable dans lequel les pavillons réunis de trois grands peuples devaient rivaliser de courage et de gloire pour le salut de la Grèce, ma chère patrie.

Un vent de nord très violent avait jeté Ulysse sur les rivages de l'Afrique, au moment où il cherchait à doubler le cap Malée pour retourner à Ithaque.

Ce vent de nord, fatal à la navigation d'Ulysse, fut au contraire très favorable à la mienne; dans peu de jours j'arrivai dans la petite Syrte, où est située la terre des Lotophages.

Cette terre est une petite île d'environ dix-huit milles de tour, qui à basse mer communique avec la côte d'Afrique. Pline l'appelle *Menina*, et les Arabes lui donnent le nom de *Gerby* ou *Cherby*, qui signifie *Caméléon*, parce qu'on y trouve cette espèce d'animal en grande quantité.

En abordant dans l'île de Gerby, mon premier soin fut d'y chercher cette plante extraordinaire qui fut pour les matelots d'Ulysse le plus dangereux de tous les poisons, puisqu'il éteignit dans leur cœur le souvenir de la patrie.

Il y a, comme on sait, plusieurs espèces de *Loto;* l'une est cette herbe connue sous le nom de *sainfoin*, qui sert de pâture aux animaux; c'est de celle-là dont il est parlé dans le quatorzième chant de *l'Iliade* et dans le quatrième chant de *l'Odyssée*.

Il y en a une autre appelée *Lotos Égyptia*. C'était une sorte de lis, qui, selon Hérodote, croît abondamment dans les eaux du Nil quand il a inondé les terres.

« Après qu'on l'a cueilli, dit cet historien, on le fait sécher au soleil; on prend ce qui est au milieu du lis et qui ressemble à un pavot, on le cuit et on en fait du pain. »

Cette espèce conviendrait assez au passage d'Homère qui fait mention du *fruit d'une fleur*.

Mais les anciens prétendent que le poète parle d'une troisième espèce de loto appelée *lybica*, dont Polybe, qui l'avait souvent vue et examinée, fait la description suivante, selon le rapport d'Athénée, qui nous a conservé le passage.

---

(1) Il paraît qu'au temps même de Strabon on n'était pas d'accord sur le point du passage de l'Alphée, ni sur la situation de la ville de Thrioessa, qui en était voisine. C'est au savant Dodwell que nous en devons la découverte et le dessin ci-joint.

(*Note de l'Auteur.*)

Paysage de l'ellipse

« Le loto est un petit arbre épineux qui a la feuille verte comme le buisson, mais un peu plus épaisse et plus large. Son fruit est d'abord semblable en couleur et en grosseur aux baies de myrte, mais en croissant il devient de couleur pourpre. Il est de la grosseur de l'olive ronde et a un noyau fort épais. Quand il est mûr, on le cueille, on le fait broyer avec du blé et on le conserve dans des pots pour la nourriture des esclaves. Pour les personnes libres, ils en font sans noyau qu'ils gardent de même. *Cet aliment a le goût de la figue et des dattes, et une odeur encore plus agréable. En le faisant tremper et broyer dans l'eau, on en tire un vin très agréable et qui a le goût du vin mêlé avec du miel. On le boit pur, mais il ne se conserve que dix jours; c'est pourquoi on n'en fait qu'à mesure pour le boire.*

J'ai remarqué à Gerby un monument qui attriste l'œil et le cœur, c'est une pyramide de la hauteur de trente pieds, construite avec les têtes des Espagnols qui périrent en 1558 dans le combat qu'ils soutinrent sous la conduite de Médina et d'André Doria contre les Ottomans, dont Pyr-Aly et Kara-Moustapha commandaient l'armée, et qui eurent dix-huit mille hommes hors de combat.

Cette pyramide s'élève au milieu des sépultures de leurs vainqueurs. De l'île des Lotophages, je me rendis à celle d'Éguse, que l'auteur de *l'Odyssée* semble avoir décrite avec autant de vérité que celle d'Ithaque.

« Vis-à-vis, et à peu de distance de l'île des Cyclopes, on trouve, dit-il, une petite île couverte de bois et pleine de chèvres sauvages, qui ne sont point épouvantées par les hommes; car les chasseurs n'y vont point pour les poursuivre : elle n'est fréquentée ni par des bergers qui gardent des troupeaux, ni par des laboureurs qui travaillent les terres, mais, demeurant toujours inculte, elle n'a point d'habitans; voilà pourquoi elle est si remplie de chèvres sauvages.

« L'île d'Éguse porterait toutes sortes de fruits si elle était cultivée. Ses rivages sont bordés de prairies bien arrosées, toujours couvertes d'herbes tendres. Les vignes y seraient excellentes, et la terre y produirait d'abondantes moissons si elle était cultivée. Cette île a de plus un port commode et sûr, où l'on n'a besoin d'arrêter les vaisseaux ni par des ancres ni par des cordages. Quand on y est une fois entré, on peut attendre tranquillement que les pilotes et les vents appellent.

« A la tête du port est une belle source d'une eau excellente, sous une grotte couverte d'aulnes, etc. »

L'auteur de *l'Odyssée* paraît s'arrêter avec complaisance sur le tableau de l'île d'Éguse. En effet, l'île d'Éguse, dit le savant Cluvier, située au milieu de deux autres îles bordées de rochers très escarpés, ses plaines fertiles et bien arrosées sont très propres à la culture; elle a des ports sûrs et assez vastes pour contenir des flottes nombreuses.

Me trouvant dans l'île d'Éguse, je passai dans celle des Cyclopes, qui, comme le dit Ulysse, en était très voisine. Polyphême, dont il fait un portrait si hideux, n'était pas plus qu'Ulysse un personnage fabuleux : c'était sans doute un roi du pays qui manqua vraisemblablement d'hospitalité envers Ulysse.

On a prétendu que ce roi avait une fille d'une rare beauté, qu'Ulysse enleva, et que les habitans coururent après la fille de leur roi, et l'arrachèrent au ravisseur. Mais comment attribuer une pareille conduite au héros modèle de toutes les vertus, qui préférait sa Pénélope à l'immortalité?

Après avoir parcouru l'île des Cyclopes, et visité l'immense cratère du volcan qui fait trembler aujourd'hui la Sicile et l'Italie, mais qui sans doute était silencieux au temps d'Ulysse, puisque ce héros n'a pas même prononcé son nom dans ses récits aux Phéaciens, je me rendis à l'île d'Éole.

Cette île, dit l'auteur de *l'Odyssée*, était entourée d'une forte muraille d'airain, et bordée de rochers très escarpés.

Ce tableau parfait de l'île d'Éole, aujourd'hui Lipari, montre la connaissance exacte et profonde que le poète avait des lieux dont il parle.

L'île de Lipari est en effet entourée de rochers de lave noirâtre, taillés à pic, d'une hauteur prodigieuse.

Les navigateurs lui donnent de nos jours le nom de *côte de fer*, *costa di ferro*, épithète qui a beaucoup de rapport avec les murailles d'airain dont parle Ulysse dans son récit aux Phéaciens.

On voit sortir par intervalle, du sommet de l'île, des gerbes de feu lancées à une très grande hauteur, et qui éclairent la mer pendant la nuit à des distances très considérables.

Aristote fait mention de ce phénomène, et Bochart trouve une étymologie fort heureuse du nom de Lipari dans le phénicien; *liparas*, *flambeau*, ou *torche allumée*.

Pendant mon séjour dans l'île de Lipari, j'ai eu plus d'une occasion d'observer que les marins reconnaissent *l'approche des tempêtes à la direction des fumées du volcan.*

Ulysse partit de l'île d'Éole avec le *vent d'ouest*, le plus favorable pour aller à l'île d'Ithaque en passant par le détroit. C'était la route la plus courte et la plus directe pour atteindre son but; car le *vent d'ouest* lui était contraire pour doubler la pointe occidentale de la Sicile.

A son arrivée à la vue d'Ithaque, les vents déchaînés le rejettent jusqu'à l'île d'Éole, qu'il venait de quitter. Ainsi Ulysse a nécessairement dû passer deux fois le détroit avant d'aborder au pays des Lestrigons. Il ne m'a pas été plus difficile de fixer la position de leur port principal que d'y retrouver encore un trait lumineux de l'exactitude de l'auteur de *l'Odyssée*.

« Vous me mandez, dit Cicéron dans une de ses lettres à Atticus, qu'on ne dit rien à Rome; je m'en doutais bien. En récompense, on ne se tait pas dans ces quartiers, et les paysans même ne peuvent plus souffrir la tyrannie que vous souffrez. Si vous entrez dans cette antique Lestrigone (c'est de Formies dont je veux parler), quels murmures n'entendrez-vous point! Que les esprits sont animés! qu'on est irrité contre notre ami Pompée, dont le surnom de *Grand* s'use peu à peu, aussi-bien que celui du riche *Crassus!* Je puis vous assurer que je n'ai encore trouvé personne ici qui souffre tout cela si doucement que moi. Ainsi, philosophons, si vous m'en croyez; il n'est rien de tel, je vous le jure. »

On voit, par cette lettre, que l'orateur romain regardait Formies comme le pays des Lestrigons.

Τηλεπυλον Λαιστρυγονιην.

Mais la ville de ce peuple inhospitalier n'était pas à Formies; elle se trouvait auprès de ce haut promontoire de Caïeta que l'auteur de *l'Odyssée* décrit avec autant de vérité que la fontaine Artacie, qu'on voit aujourd'hui à l'orient de la ville de *Mola.*

C'est dans les environs de cette capitale des Lestrigons que l'orateur romain périt de la main du scélérat qui lui devait la vie.

Le pénible voyage qu'il fit d'Astura et de Circéium à Formies, rappelle celui qu'Ulysse fit dans une direction contraire de Formies à Circéium, pour échapper à la fureur des Lestrigons, et prouve en même temps sans réplique que l'auteur de *l'Odyssée* connaissait aussi parfaitement les rivages de la Grèce occidentale que ceux de la Grèce orientale.

En quittant la ville de Lamus, capitale des Lestrigons, Ulysse arrive le même jour à l'île d'OEa, où était le palais de Circé.

On sait que la ville de Lamus était située à Formies, où Cicéron avait une maison de campagne, qu'il appelait *Mola Formianæ*, et que les habitans actuels appellent encore *Mola.*

Il est facile de reconnaître l'île de Circé, ou le *Circéium*, dans le nom très peu altéré de *Monte Circello*, qu'on aperçoit en effet, dit Cluvier, sous la forme d'une île, quand on l'observe à une grande distance, entourée en partie par la mer, et en partie par les marais Pontins.

Chaupy, et d'autres voyageurs modernes, m'avaient indiqué les ruines cyclopéennes du *Circéium*, à quatre milles de *San-Felice.* En m'y transportant, j'ai observé que toute la montagne est couverte de plantes rares, parmi lesquelles j'en ai distingué beaucoup de très vénéneuses, telles que l'atropa bella donna, l'aconitum lycotomum, le solanum dulcamara, etc.

Au milieu de ces poisons, on aperçoit d'espace en espace leur antidote, l'allium moly, que Mercure donnait à Ulysse pour le préserver des enchantemens de Circé.

Pline (au Livre XXIV, chap. IV) nous apprend qu'un habile médecin de sa connaissance lui avait assuré que cette plante croissait dans les terrains pierreux de la Campanie. Mais Pline ajoute que *sa racine avait trente pieds, et pourtant qu'en cet état elle n'était pas entière, mais tronquée.*

Il est clair que Pline et son médecin se sont trop souvenus que, suivant Homère, *les dieux seuls pouvaient déraciner cette plante.* Le fait est que sa racine est ronde et bulbeuse comme celle de la scylle, et qu'on l'arrache très facilement.

Je n'avais éprouvé jusqu'ici aucune difficulté à suivre les traces d'Ulysse aux îles des Lotophages, d'Éguse, des Cyclopes, de Circé, au pays des Lestrigons. Là, comme ailleurs, j'étais frappé de la conformité parfaite de ses tableaux avec les localités qu'il décrit, mais il ne faut pas dissimuler qu'en quittant l'île de Circé, quand il fut question de suivre le héros aux enfers et au pays des Cimmériens, je me trouvai tellement égaré dans les labyrinthes de la mythologie et dans les dissertations des commentateurs, que je fus presque tenté de terminer là mes pénibles voyages, et de traverser le détroit pour retourner à Ithaque.

Mais à force d'étudier et d'approfondir la marche d'Ulysse, je finis par découvrir qu'il était aussi rigoureusement exact dans la topographie des enfers, que dans celle de *l'Iliade,* de *l'Odyssée,* et de toutes les régions du *Catalogue.*

« En effet, la déesse Circé lui envoie un vent favorable qui enfle ses voiles, et qui, secondé par les efforts de ses rameurs et l'adresse de son pilote, le fait voguer heureusement.

« Il court tout le jour jusqu'au coucher du soleil, et lorsque la nuit répand ses ténèbres sur la terre, son vaisseau arrive aux lieux qu'habitent les *Cimmériens* ou *Kimmériens, toujours couverts de nuages, et enveloppés d'une profonde obscurité.* Le soleil ne les éclaire jamais, ni lorsqu'il monte dans le ciel et qu'il fait disparaître les astres, ni lorsque, se précipitant du ciel dans l'onde, il laisse à ces astres toute leur clarté; une éternelle nuit étend ses sombres voiles sur ces malheureux. »

Il est possible, comme madame Dacier l'a observé, que l'auteur de *l'Odyssée* ait transporté à Circéium l'Æa de la Colchide avec toute sa lumière et sa clarté, comme il a transporté sur les côtes de la Campanie, les Cimmériens du Bosphore avec tous leurs ténèbres. Éphore, dit Strabon, adaptant la description de cette contrée à ce qu'on savait d'ailleurs des Cimmériens, rapporte qu'ils y demeuraient dans des maisons souterraines appelées *argilla* (crevasse de terre, vallée étroite, caverne); *qu'ils communiquaient entre eux par des voûtes pratiquées sous terre; que le temple fatidique où ils admettaient les étrangers, était pareillement bâti sous terre à une grande profondeur; qu'ils vivaient de l'exploitation des mines ou plutôt des carrières, et aussi du produit des consultations de l'oracle, et du revenu qui leur était alloué par les rois du pays.* C'était, s'il faut en croire Éphore, un ancien usage établi de ne sortir des souterrains que la nuit; d'où le poète a pu dire :

$$\ldots\text{ουδ' ποτε αυτους}$$
$$\text{Ηελιος φαεθων επιδερκεται ακτινεσσιν.}$$

L'astre brillant du jour jamais ne les éclaire.

« Telle était la mythologie que nos devanciers ont pu accréditer, continue Strabon; aujourd'hui que la forêt qui ombrageait le contour du lac Averne a été abattue par les ordres d'Agrippa, que les arbres ont été remplacés par un grand nombre d'édifices, et que l'on a creusé la route souterraine qui mène de l'Averne à *Aime* (ou Cumes), le mythe est dévoilé; mais peut-être en faisant ouvrir la route dont nous parlons, ainsi qu'une autre à peu près semblable, qui, de *Dicearchia* (Pouzzol), conduit à Naples, Coccéius a-t-il voulu rendre une sorte d'hommage à cette antique tradition concernant les Cimmériens que nous venons de rappeler; peut-être regardait-il comme l'attribut naturel de ce canton qu'on cheminât sous terre. »

J'ai eu occasion de vérifier toutes ces observations en parcourant le golfe de *Baia*, et les voyageurs qui ont étudié avec soin le lac Averne, les grottes de Pausilippe, celles de Cumes, et le temple de la Sibylle, rendront hommage aux remarques ingénieuses du géographe, et à la fidélité des récits d'Ulysse.

Je n'ai pas trouvé nécessaire de suivre ce héros dans son second voyage chez Circé, où il apprend les nouveaux dangers qui l'attendent à son passage près de l'*île des Sirènes*, et dans le détroit de *Charybde* et *Scylla;* mais je n'ai rien négligé pour bien connaître la géographie de ces lieux, et y démontrer partout la présence du poète, en les dépouillant des ornemens mythologiques dont il les a embellis.

« Celui, dit Strabon, qui place l'île des Sirènes au cap Pélore, et celui qui la place aux Sirénuses, vers le golfe *Possidoniate,* se contredisent l'un et l'autre. »

Ce passage de Strabon prouve que les géographes anciens ne s'accordaient pas sur la situation de l'île des Sirènes. Il était cependant aisé de conclure qu'elle ne devait pas être très éloignée du cap Pélore, puisque Ulysse n'eut pas plus tôt quitté cette île, qu'il aperçut *une fumée affreuse, qu'il vit les flots s'amonceler, et qu'il entendit les mugissemens de Scylla.*

De plus, dans le tableau de l'île des Sirènes, fait à Ulysse par Circé, il y a un trait frappant qui n'a été, au moins que je sache, remarqué par aucun géographe ancien ou moderne.

« Vous trouverez sur votre chemin l'île des Sirènes; ces déesses enchantent tous les hommes qui arrivent près d'elles. Ceux qui ont l'imprudence de les approcher et d'écouter leurs chants, ne peuvent éviter leurs charmes, et jamais leurs femmes ni leurs enfans ne vont au-devant d'eux les saluer ni se réjouir de leur retour.

« Les sirènes les retiennent par la douceur de leur chant dans *une vaste prairie, où l'on ne voit que des monceaux d'ossemens et de cadavres que le soleil achève de sécher.* »

Tâchons de découvrir à quelque distance du cap Pélore, une île dont le nom puisse nous rappeler *les ossemens des malheureuses victimes du chant des sirènes.*

« Vers le couchant des îles d'Éole, dit Diodore de Sicile, on rencontre une petite île déserte, à qui l'aventure que nous allons rapporter a fait donner le nom d'*Osteades*, l'île des *Os.*

« Dans le temps des longues et sanglantes guerres des Carthaginois contre les Syracusains, les premiers entretenaient des armées de terre et de mer composées de gens de toutes nations, hommes turbulens et toujours prêts à se révolter, surtout lorsqu'on ne les payait pas exactement.

« Il arriva enfin que ces troupes ne recevant point leur solde, six mille des plus insolens la demandèrent d'abord à leurs capitaines avec hauteur; mais les capitaines n'ayant point d'argent à leur donner, et les remettant de jour en jour, ils menacèrent de prendre les armes contre les Carthaginois, et ils osèrent même porter la main sur leurs officiers.

« Le sénat, instruit de ce désordre, en témoigna son indignation; mais cela n'ayant servi qu'à enflammer davantage les esprits, le sénat envoya un ordre secret à ses généraux de faire périr tous ces séditieux.

« Les généraux s'embarquèrent aussitôt avec eux sous prétexte de les conduire à une expédition; mais quand ils furent arrivés devant l'île dont nous parlons, ils les y débarquèrent, et remirent à la voile.

« Ces misérables y périrent tous de faim et de misère; et comme l'île est fort petite, elle fut bientôt remplie des ossemens de tant de corps morts; c'est ce qui lui a fait donner le nom qu'elle porte. Exemple d'une punition terrible, qui peut passer en même temps pour un trait de cruauté et de perfidie de la part des Carthaginois. »

J'ai observé que les habitans actuels de Palerme paraissent avoir conservé en partie le souvenir de ce fait historique raconté par Diodore, qui l'avait puisé sans doute dans quelque tradition plus ancienne dont Ulysse semblait s'être aussi emparé, si l'on en juge par le nom d'Ostéos qu'il emploie dans *l'Odyssée*, et qui a tant d'analogie avec celui d'Ostéades et d'Oustika qu'elle porte encore aujourd'hui.

C'est donc Ulysse lui-même qui nous apprend la véritable position de l'île des Sirènes, qui était ignorée au temps de Strabon, et sur laquelle les géographes modernes n'avaient pas de notions plus certaines que lui.

Suivons maintenant le héros au détroit de Charybde : c'est là qu'il se surpasse lui-même dans son admirable mélange de la fable avec la vérité.

Ératosthène prétendait que *l'on ne trouverait le théâtre des voyages d'Ulysse que quand on aurait trouvé le corroyeur de l'outre des vents*.

Polybe, le judicieux Polybe, critique avec grande raison cette mauvaise plaisanterie d'Ératosthène, et prouve de la manière la plus convaincante que le tableau du détroit peint par l'auteur de *l'Odyssée* est parfaitement conforme à ce qu'on y remarquait de son temps.

Le poète mêle en effet toujours de la réalité à ses fictions les plus hardies. Son génie s'élance perpétuellement au-delà de la nature, mais il ne l'abandonne jamais. Sa description de Charybde et Scylla est entremêlée de beautés poétiques du premier ordre, et de détails naturels de la plus exacte vérité.

Veut-il nous peindre le flux et le reflux, qu'il avait sans doute observé dans ses voyages au détroit qui sépare la Sicile de l'Italie, il nous représente la redoutable Charybde *dévorant trois fois par jour* les énormes vagues d'Amphitrite, et les vomissant avec des mugissemens horribles.

Il ne borne pas à ce singulier phénomène l'intéressant récit des objets curieux qu'il a remarqués dans le détroit, il veut aussi attirer nos regards sur ce haut rocher, lisse comme une colonne, qui cache dans la profondeur des cieux sa tête pyramidale toujours environnée de sombres nuages.

Mais où il développe surtout l'éclat brillant et la vérité naïve de son pinceau, c'est quand il nous représente Scylla sous la figure d'un monstre à demi plongé dans sa caverne, et du haut de son rocher pêchant les dauphins, les chiens marins et les autres cétacées; c'est ici le tableau le plus fidèle de la pêche de l'espadon, qui a encore lieu de nos jours au cap Pélore, dont j'ai été témoin dans mon voyage en Sicile, et que Polybe a mieux décrite il y a deux mille ans qu'aucun de nos voyageurs modernes.

« Tout ce qu'Homère nous apprend de Scylla, dit-il, est conforme à ce qui se passe au Scylléon, à ce qui se voit à la pêche des *galéotes*. » En effet les *thons* qui nagent en troupe le long de l'Italie, repoussés de la Sicile et entraînés dans le détroit y rencontrent les poissons les plus forts, tels que les dauphins, les chiens de mer, etc.; et c'est, dit-on, de cette proie que se nourrissent les espadons. Polybe raconte ensuite comment se pêchent les galéotes près du *Scylléon*. « Un observateur commun dirige tous les pêcheurs, qui sont placés deux à deux sur différentes barques dirèmes, et dont l'un rame pendant que l'autre se tient à la proue armé d'une lance.

« L'observateur annonce l'apparition du galéote, poisson qui en nageant s'élève du tiers de sa hauteur au-dessus du niveau de la mer. Dès que la barque est à la portée du poisson, le pêcheur armé lui enfonce sa lance dans le corps, d'où il ne la retire qu'en y laissant le harpon de fer dont elle est garnie à son extrémité.

« Ce harpon, agencé de manière à se détacher aisément de la lance, tient d'ailleurs à une longue corde qu'on laisse filer tant que l'animal blessé fait des bonds et des efforts pour échapper. Quand il est fatigué, on l'amène à terre, ou même, s'il n'est pas de grande taille, on le place sur la barque.

« Quelquefois le rameur est blessé même au travers de la barque, tant est longue l'épée de ces galéotes, et tant cette pêche, vu la force de l'animal, ressemble pour le danger à la chasse du sanglier. »

D'après la description de cette pêche, qui se pratique encore de nos jours exactement, et dans tous ses détails, comme au temps de Polybe, on peut conclure que l'auteur de *l'Odyssée* se montre aussi *fidèle peintre de la nature dans les mers de Sicile et d'Italie que dans la mer Égée, dans le continent de la Grèce, dans la plaine d'Ilion et dans l'île d'Ithaque*.

Ainsi l'on peut répéter hardiment avec le célèbre Wood : *La précision de ce poëte ne se borne pas à la scène principale de son action, toutes ses descriptions sont de la même exactitude.*

La seule île de Calypso est celle dont il fait un mystère, et qui, jusqu'à présent, a échappé à toutes les recherches des géographes.

Que cette île, au reste, soit l'île de Malte couverte de fleurs et de fruits, comme beaucoup de géographes l'ont cru; qu'elle soit l'île de Gozo, ou une petite île de la mer Ausonienne en face du promontoire *Lacinium*, toujours est-il certain, dit madame Dacier, qu'*Ulysse devait laisser le pôle à sa gauche, puisqu'il naviguait du couchant au levant.*

C'est au détroit de Charybde que je terminai mes observations dans les mers de Sicile et d'Italie.

Arrivé à Reggio, je n'avais qu'un pas à faire pour atteindre la ville d'Otrante, en passant par les ruines intéressantes de Témèse (1), que je désirais voir pour ne pas laisser un seul des principaux points géographiques mentionnés dans les deux poëmes d'Homère, sans en avoir vérifié l'existence et la position.

Minerve, au premier chant de *l'Odyssée*, s'approche de Télémaque et lui dit : « Je suis Mentès, roi des Taphiens, qui font de la marine leur principale occupation; je vais à Témèse chercher de l'airain et l'échanger contre du fer. »

On conjecture que les Phéniciens avaient donné le nom de *Témèse* à cette ville, ainsi qu'à une autre située dans l'île de Chypre, à cause des minéraux qui abondaient dans leur territoire; car *témèse*, dans leur langue, signifie *fusion*, et l'on sait que les Phéniciens s'adonnaient beaucoup à la fonte des métaux.

Sur la route de Témèse à Otrante, et à peu de distance de cette ville, je m'arrêtai au monastère d'Ascoli, où l'on m'apprit qu'il y avait une bibliothèque encore assez riche en manuscrits précieux quoiqu'elle eût beaucoup souffert pendant les troubles qui avaient agité le royaume de Naples.

Le garde de cette bibliothèque, vieillard aussi distingué par son profond savoir que par son aménité, m'accueillit de la manière la plus obligeante; mais sa physionomie s'épanouit et son intérêt fut au comble quand il apprit que j'étais né dans l'île d'Ithaque, que je venais de parcourir tous les lieux chantés par Homère, et que je voyageais depuis plusieurs années dans l'unique but de découvrir au moins quelques traces de ce personnage mystérieux.

Le savant bibliothécaire, transporté de joie, court chercher un manuscrit qu'il gardait religieusement dans un des rayons privilégiés de sa bibliothèque. « Voici, me dit-il en me présentant ce manuscrit, voici le trésor le plus précieux que vous ayez pu trouver dans vos voyages : c'est un poëme sur la guerre de Troie, qu'on attribue vulgairement à un certain Quintus, qui était, dit-on, Calabrois.

« Connaissez-vous ce poëme? » me demanda-t-il.

« Oui, mon père, lui dis-je, je l'ai lu plusieurs fois pendant mon séjour à l'université de Padoue, mais trop légèrement pour être frappé de tous les indices qu'il pouvait me fournir sur l'objet de mes recherches. »

« De grâce, reprit le vieillard avec chaleur, pour en juger sur-le-champ, veuillez seulement prêter l'oreille aux lamentations de Phénix pleurant la mort d'Achille :

$$\text{Ωλεο μοι φιλε τεκνον, etc.}$$

(Paralipomènes, chant III, vers 462.)

« Je te perds, ô mon fils, dit Phénix en se penchant sur le corps d'Achille, et je perds en toi l'unique espoir de ma vieillesse. Que n'ai-je fermé les yeux à la lumière avant de te voir expirer sous les coups rigoureux du sort !

---

(1) Voyez Swinburne, *Voyage d'Italie.*

« Je pus autrefois me consoler des malheurs qui m'arrachaient au lieu de ma naissance et aux vifs empressemens de ceux à qui je devais le jour.

« Pélée m'offrit un asile dans la Grèce, où il me combla de biens et me mit à la tête des Dolopes.

« Je vois encore le moment délicieux où il me confia le soin de ta première enfance. Je te reçus, dépôt chéri, je te pris de ses mains, je te serrai sur ma poitrine, et je promis de t'élever comme mon propre fils.

« Tu répondais à mes caresses par un sourire innocent; tes mains faibles encore me marquaient tes désirs; ta langue à peine déliée m'appelait du doux nom de père, et ta bouche humectait mon sein, où je te pressais avec tendresse.

« Ravi de te porter dans mes bras, je te disais : *Tu seras, au déclin de mon âge*, l'unique soutien de mes jours incertains et chancelans.... Mais je me trompais; mes espérances, hélas! se sont dissipées comme un songe.... Descendu dans la nuit du tombeau, tu me laisses en proie aux soins amers et aux noirs chagrins.

« Puissé-je mourir de douleur avant que Pélée apprenne ta fin et mon désespoir! ou, consumés par la langueur, puissions-nous, ton père et moi, voir bientôt s'appesantir sur nous les derniers coups du destin! On ne doit pas regretter une vie qu'on n'est plus en état de défendre.... »

« J'avoue, mon père, lui dis-je, qu'on trouve dans ce morceau des détails naïfs qui peignent à merveille la tendresse du vieux précepteur d'Achille. Ces beautés de premier ordre ne m'avaient point échappé dans mes études; mais elles m'avaient paru clair-semées dans les quatorze chants du poëme de Quintus le Calabrois. »

« Qu'appelez-vous clair-semées? me dit le vieillard en s'échauffant. Songez donc que tout ce qui suit la mort d'Achille est également admirable. Le combat entre les Troyens qui veulent se saisir de sa dépouille, et le vaillant héros qui la défend.

« La cérémonie des funérailles où l'on égorge des chevaux et des prisonniers, tout cela ne vous paraît-il pas dans le goût antique le plus pur?

« Mais ce n'est pas seulement dans ce petit nombre de passages qu'on croit véritablement lire des pages d'Homère; on le retrouve encore tout entier dans la mort de Penthésilée, dans les adieux de Pyrrhus et de Déidamie, dans la commisération d'OEnone pour Pâris, dans le combat d'Achille et de Memnon, dans les affreux tableaux du sac de Troie et du naufrage de Capharée. »

« Je ne suis pas, mon père, lui dis-je, aussi frappé que vous de tous ces traits de ressemblance entre l'auteur de *l'Iliade* et celui des *Paralipomènes*, sans doute parce que je ne les ai pas autant médités que vous. Mais enfin vous paraissez décidément porté à croire que le poëme de Quintus a quelque chose d'homérique. »

« Je ne le crois pas seulement homérique, répondit-il avec vivacité, mais homérissime; et les critiques les plus érudits n'ont pas balancé à lui donner ce titre aussi flatteur que justement mérité.

« Barthius le désigne comme le plus grand poète que nous ayons eu depuis Homère. Deux Grecs des plus savans, le cardinal Bessarion et Lascaris, qui étaient meilleurs juges des beautés de leur propre langue que toutes les académies de l'Europe, donnèrent hardiment à l'ouvrage de Quintus le titre de *Paralipomènes*, ou *fragmens* d'Homère. »

« A la bonne heure, lui dis-je, mon vénérable père; mais plus cet éloge est brillant, plus il m'inspire la curiosité de bien connaître sur quoi il est motivé, quelle est la véritable intention du poëme, et quel en est le sujet. »

« L'intention du poëme, dit-il, est manifeste d'un bout à l'autre : il commence à l'endroit où finit *l'Iliade*, sans être précédé d'aucune invocation aux muses, et *l'Odyssée* en est une continuation évidente. On dirait que l'auteur ait compris, avec Ovide, qu'il manquait quelque chose aux deux poëmes sur la guerre de Troie.

[illegible]

[illegible]

« Quant au sujet des *Paralipomènes*, c'est le récit des événements qui ont eu lieu depuis la mort d'Hector jusqu'à la chute de Troie et au naufrage de la flotte des Grecs au promontoire de Capharée.

« Il est donc évident que l'auteur s'est proposé de compléter *l'Iliade*, et de lier l'histoire du siége de Troie avec les aventures d'Ulysse. »

« Ainsi, lui dis-je, vous regardez le poeme des *Paralipomènes* comme le complément nécessaire et obligé des deux poëmes d'Homère. »

« Oui sans doute, me répondit-il; aussi je passe les jours et les nuits à le lire, lui, ses traducteurs et ses commentateurs, afin de le défendre contre les ennemis qui l'attaquent de toutes parts, et avec toutes sortes d'armes.

« Certains de ces critiques observent que Quintus fourmille de répétitions empruntées de *l'Iliade :* il répète, disent-ils, au tombeau de Patrocle les jeux qui avaient eu lieu aux funérailles d'Achille; il répète la description du bouclier d'Achille, la grotte des Nymphes, la destruction du retranchement des Grecs, etc., etc.

« Mais n'est-il pas de toute évidence que ces répétitions sont de ces premiers jets d'imagination, de ces esquisses imparfaites, de ces repentirs que les poètes, comme les peintres, transposent, déplacent ou abandonnent, suivant les différentes inspirations de leur génie. Ce qui met cette conjecture hors de doute, c'est que très certainement la destruction du retranchement des Grecs est beaucoup mieux placée à la fin de la guerre et du dernier chant de Quintus, qu'au septième chant de *l'Iliade*, puisque cette destruction est le coup de théâtre qui terminerait le plus naturellement le drame de cette guerre.

« Une seconde classe de critiques attaquent, dans les *Paralipomènes*, la réconciliation de Ménélas et d'Hélène. Voilà, disent-ils, un singulier dénoûment au poëme de *l'Iliade!* était-ce donc pour cela qu'Hector, Achille et tant de héros ont péri? Qui pourra dire aux mœurs de quel siècle appartient cette facile réconciliation?

« La question n'est pas difficile à résoudre; de quelque manière que cette réconciliation se soit opérée, elle appartient aux mœurs de *l'Iliade* et à celles de *l'Odyssée*, et elle a certainement eu lieu avant le retour d'Hélène à Lacédémone, puisque Télémaque trouve cette princesse dans le magnifique palais de Ménélas, entourée du luxe et des hommages de la cour la plus brillante.

« Au reste, s'il y a dans l'anonyme calabrois un épisode dans lequel il s'élève à la hauteur d'Homère, c'est celui où, après l'incendie de Troie, Ménélas ramène son épouse dans sa tente, au milieu des respects et de l'admiration de l'armée grecque.

« Qui pourrait méconnaître ici le même génie qui, après avoir attiré dans *l'Iliade l'admiration de Priam et de ses vieillards sur la victime involontaire de Vénus, la montre à l'armée des Grecs dans les Paralipomènes comme une déesse qui par ses grâces leur fait oublier tous les maux d'une longue et terrible guerre, en remplissant ainsi les ordres du maître des dieux.* (1)

« Une troisième classe d'adversaires observe que l'auteur de *l'Iliade*, dans ses deux poëmes, n'a pas même prononcé le nom de zodiaque, tandis que l'auteur des *Paralipomènes* le désigne clairement ainsi que la marche du soleil dans l'ordre admirable que cet astre immortel doit parcourir pour marquer les ans, les saisons et les heures, en un mot le temps et l'immortelle révolution des siècles.

----

(1) Ce fut par Hélène que la Grèce apprit à unir toutes ses forces contre les barbares, et l'Europe lui doit le premier triomphe qu'elle ait obtenu sur l'Asie, triomphe qui fut l'époque d'un changement total dans le sort de la Grèce. (*Éloge d'Hélène*, par Isocrate.)

« Eh quoi! continua le vieillard avec vivacité. Homère était-il donc obligé de dire dans ses deux poëmes tout ce qu'on savait de son temps et tout ce qu'il avait pu apprendre lui-même des zodiaques de Tentyris, de Latopolis, en un mot de l'astronomie qu'on enseignait à Memphis et dans la Thèbes aux cent portes, dont les rois étendaient leurs conquêtes, leur science et leur commerce jusque dans la Bactriane et aux Indes?

« Mais d'ailleurs, qu'aura-t-on à répondre à l'auteur des *Paralipomènes* s'il vous démontre lui-même astronomiquement que l'époque où il écrivait était l'époque même de la guerre de Troie?

« Écoutez en effet le discours qu'il met dans la bouche du roi Lycomède faisant ses adieux à Pyrrhus au moment où ce jeune prince s'embarque pour aller au secours des Grecs.

« Je tremble, ô mon fils, lui dit-il, que tu ne quittes ces rivages dans le temps où le soleil passe du sagittaire au signe du capricorne, ou lorsqu'il partage avec Phébé le jour et les ténèbres. »

« Très certainement l'époque où le soleil partage également avec Phébé le jour et les ténèbres, est le moment de l'équinoxe.

« Il est naturel de penser que l'autre point de l'année que le poète a voulu indiquer est le solstice. Et de quel solstice était-il question? De celui d'hiver sans doute, car le solstice d'été n'est point orageux, et le poète a dit ailleurs que le capricorne amène les tempêtes.

« Ces indications nous rappellent donc à peu près l'époque où *le soleil, au solstice d'hiver, entrait dans le capricorne; il s'en trouve aujourd'hui éloigné de près d'un signe et demi*, or un signe et demi dans le mouvement des points équinoxiaux, nous fait *remonter à trente siècles*.

« Ainsi, la date indiquée par le poète, quoiqu'elle ne puisse pas être d'une exactitude rigoureuse et mathématique, nous reporte approximativement au temps de la guerre de Troie. »

« En effet, lui dis-je, mon vénérable, ce discours du roi Lycomède prouve assez clairement que le poète écrivait à une époque très rapprochée de la guerre de Troie.

« Mais voici d'autres passages où il nous apprend également lui-même qu'il vivait au temps des empereurs romains, puisqu'il fait mention d'un amphithéâtre, du Tibre et de la famille des Césars. »

« Je vois, répondit le vieillard en souriant, que vous avez été trompé comme tant d'autres sur le combat du fils d'Atrée et sur la prédiction de Calchas.

« Dans le premier de ces deux passages l'auteur nous peint, dit-on, Agamemnon et Ménélas combattant comme des lions *dans un amphithéâtre*.

« Or, le nom d'amphithéâtre ne se trouve nulle part dans le poëme des *Paralipomènes*.

« Il s'agit seulement d'une chasse dans laquelle les princes rassemblaient alors leurs chasseurs comme ils le font encore aujourd'hui en Afrique et en Asie pour combattre dans les forêts et sur les montagnes, des lions, des sangliers et d'autres animaux.

« On ne voit là ni amphithéâtre, ni gladiateurs comme quelques commentateurs ont cru les y voir. Examinons maintenant le second passage, dans lequel Calchas prédit en propres termes, dit-on, que la *postérité d'Énée régnera sur les bords du Tibre, et qu'un prince de sa race étendra son empire du couchant à l'aurore*.

« Il est certain que le savant Barthius, qui écrivait il y a deux siècles des commentaires sur le poëme des *Paralipomènes*, était convaincu que le prêtre Calchas avait prédit dans ce poëme la fondation de Rome par Énée.

« On peut bien conclure sans difficulté, dit-il, que Quintus Calaber écrivait au temps d'Auguste et des premiers empereurs romains; car on sait que la famille des Jules avait la prétention de descendre d'Iule, fils d'Énée, et que cette prétention cessa au temps de Néron, qui succéda au trône par les femmes : et comme Calchas prédit ici que la race d'Énée *régnera d'Occident en Orient*, il n'y a aucun doute que sa prédiction ne fasse allusion à l'un de ses descendans, etc. »

« Examinons cette prédiction de Calchas dans le texte même des *Paralipomènes*. « Cessez, dit alors

Calchas, aux Grecs acharnés; cessez de décocher contre Énée des flèches inutiles, respectez l'oracle des Dieux; ils ont décidé dans l'auguste conseil qu'Énée doit un jour fonder une ville *sur les rives du fleuve Tymbrius qui coule près du Xanthe, que cette ville sera l'étonnement de la postérité, et que ses descendans étendront leur empire du couchant à l'aurore.* »

« Comparons maintenant cette prédiction de Calchas, qui se trouve au treizième chant des *Paralipomènes*, avec celle de Neptune qu'on lit au vingtième chant de *l'Iliade*.

« Les destins ont promis une plus longue vie à Énée afin que la famille de Dardanus, que Jupiter a plus aimé que tous les autres enfans qu'il a eus des femmes mortelles, ne soit pas entièrement éteinte.

« Ce dieu a une aversion extrême pour toute la race de Priam, et c'est Énée qui doit régner sur les Troyens, et après lui toute sa postérité jusqu'à la fin des siècles. »

« Il est clair que le Calchas de Calaber n'a fait que répéter la prédiction du Neptune d'Homère, et que les deux devins semblent réunir leurs oracles à la fois contre les adversaires des *Paralipomènes* et contre les prétentions généalogiques des premiers empereurs romains.

« Il est également clair que tous les commentateurs des *Paralipomènes*, trompés, sans doute, par la singulière ressemblance des noms, ont confondu le Tibre de Rome avec le Tymbrius, qui coule dans la plaine de Troie à peu de distance du Xanthe. (1)

Θυμβριν ευρεεθρον απο Ξανθο μολοντα.

« Madame Dacier, approfondissant la prédiction de Calchas, en conclut que si l'auteur de *l'Iliade* n'avait pas su qu'Énée avait été appelé à régner sur les Troyens après la prise de leur capitale, il n'aurait pas mis cette prédiction dans la bouche de Neptune. Jusque-là la conséquence que tire madame Dacier est parfaitement juste, mais elle lui donne trop d'extension quand elle affirme immédiatement après qu'*Homère vivait deux cent soixante ans après la guerre de Troie, qu'il écrivait en Ionie, dans le voisinage de la capitale de l'Asie, et qu'ainsi le temps et le lieu donnent à sa déposition une force que rien ne peut ébranler.*

« Supposons que l'auteur de *l'Iliade* ait vécu non pas un siècle ni deux siècles, mais seulement dix années après la guerre de Troie, soit qu'il ait écrit en Ionie ou dans tout autre pays de l'Asie ou de la Grèce, il a nécessairement dû être informé des événemens qui se sont passés dans la Phrygie à la suite d'une guerre aussi longue et aussi désastreuse pour toutes les nations qui y avaient pris part, et il a par conséquent dû apprendre le sort d'Énée, et il ne lui a pas été difficile de prédire un règne heureux et une longue postérité à un prince aussi pieux et aussi cher aux immortels.

« Enfin, continue le vieillard, voici un argument qui tranchera, j'espère, toute difficulté sur l'authenticité des *Paralipomènes*, et qui a échappé à tous les commentateurs, depuis le cardinal Bessarion jusqu'au savant Tichsen, qui en est, je crois, le dernier éditeur.

« Dans le deuxième chant de *l'Iliade* on trouve un héros nommé Eurypile, fils d'Évemon, qui commande quarante vaisseaux contre les Troyens.

« Le même héros combat encore pour les Grecs dans le quatrième chant des *Paralipomènes* de Calaber.

« Dans les mêmes *Paralipomènes*, au chant VI, un autre Eurypile, Mysien, fils de Télèphe, roi des Cétéens, combat contre les Grecs dans l'armée de Priam.

« Il y a donc, dans les *Paralipomènes* de Calaber, deux guerriers du même nom combattant dans deux armées opposées.

« Lorsqu'Achille, dans *l'Odyssée*, demande à Ulysse des nouvelles de son fils Néoptolème, Ulysse lui répond :

---

(1) Voyez la préface de l'excellente traduction française des *Paralipomènes*, par M. Tourlet.

« Je ne saurais vous nommer le peuple entier de victimes qu'il immola en signalant sa bravoure parmi les Grecs. C'est assez de vous apprendre que son glaive fit mordre la poussière à un héros terrible et le plus beau des hommes après Memnon, fils de l'Aurore; à Eurypile enfin, le rejeton de Téléphé, attiré à Troie par un noble prix, la main d'une des filles de Priam. Autour de son corps, Néoptolème fit nager dans leur sang les nombreux compagnons de ce chef, les Cétéens, qui secondèrent son audace jusqu'à leur dernier soupir. »

Πολλοι δ' αμφι αυτον εταιροι
Κητεοι κτεινοντο.

« Qu'Homère, après avoir parlé d'un Eurypile grec, fils d'Évemon, dans son *Iliade,* saisisse encore une occasion quelconque de citer le même personnage dans *l'Odyssée,* cela ne pourrait paraître que très simple et très naturel.

« Mais quand il nous désigne dans *l'Odyssée* un Eurypile de Mysie, roi des Cétéens (1), dont il n'a jamais prononcé le nom dans *l'Iliade,* et quand il nous peint ce guerrier identiquement des mêmes couleurs que celui qui se trouve dans les *Paralipomènes,* il faut nécessairement que l'auteur de *l'Odyssée* soit aussi l'auteur des *Paralipomènes.*

« Mais le roi des Cétéens n'est pas le seul héros dont le nom figure dans *l'Odyssée* sans avoir été mentionné dans *l'Iliade.* Néoptolème, fils d'Achille, et Memnon, fils de l'Aurore, ne paraissent nulle part dans les batailles de *l'Iliade* : tous deux cependant se montrent avec éclat dans *l'Odyssée.* Or l'auteur de ce second poëme n'a pas pu se dispenser de raconter leur arrivée dans la plaine de Troie avant de célébrer leurs exploits et la gloire dont ils se sont couverts. C'est donc évidemment dans les *Paralipomènes* qu'il faut, en général, chercher le supplément indispensable et nécessaire des deux poëmes sur la guerre de Troie.

« Mais tout dans cet ouvrage n'est pas, comme dans ceux d'Homère, d'une perfection soutenue; la vieillesse du poëte et la touche des rapsodes s'y font souvent apercevoir. On y trouve des finesses de l'art, une économie de détails, des formes sentencieuses qui annoncent sinon une littérature plus avancée, au moins un goût plus moderne.

« Les discours des héros sont trop longs, le merveilleux n'est que faiblement lié à l'action, l'intervention des dieux est moins nécessaire et par conséquent moins fréquente et moins vive que dans Homère, la narration est souvent beaucoup plus courte sans être à beaucoup près aussi rapide.

« On sent quelquefois que l'auteur abrége par cette seule raison qu'il est pressé de finir; enfin, ce qui distingue, par intervalle, ce poëme de ceux d'Homère, est le défaut d'imagination et de cette poésie qui, dans *l'Iliade,* anime tout jusqu'aux *portes de l'Olympe et aux trépieds des dieux.*

« Que conclure donc en dernier résultat de ce mélange d'éloges et de critiques qu'on prodigue au poëme des *Paralipomènes?*

« Voici en peu de mots la conséquence qu'il faut en tirer. Il y a, dans ce poëme, des chants entiers qui respirent le génie d'Homère quand il était dans la force de l'âge et du talent, et chacun sait que ce génie ne s'imite point. D'autres chants trahissent la vieillesse du poëte, ou appartiennent aux époques de son sommeil, *quandoque bonus, etc.;* et l'on y rencontre souvent la main des rapsodes.

« C'est ainsi que dans les poésies d'Ossian on aperçoit souvent les touches de Macpherson et le pinceau sublime du barde écossais qui joignait au courage du héros le génie poétique qui l'immortalise. »

---

(1) Le savant Mionnet croit que la médaille d'Eurypile publiée par Eckhell a été frappée sous Trajan, sous Adrien ou sous Antonin-le-Pieux.

Ce qui semblerait justifier son opinion en faveur de l'époque d'Adrien, c'est que le profil du roi des Cétéens a beaucoup de ressemblance avec celui d'Antinoüs. (Voyez la planche des médailles d'Ulysse et d'Eurypile.)

« Certes, repris-je, mon vénérable, vous avez mis tant de clarté et de savoir dans le cours de cette discussion, que vous avez fini par m'entraîner d'une manière irrésistible dans votre opinion sur l'auteur des *Paralipomènes*; soyez bien convaincu que si j'ai mis de mon côté autant de hardiesse à vous combattre, c'était bien moins dans l'espoir de vaincre que dans le dessein de m'instruire.

« Maintenant, avant de vous faire mes adieux et de me séparer de vous, mon cœur sent le besoin de vous offrir un faible hommage de ma reconnaissance en vous communiquant le résultat des longs et pénibles voyages que je viens de consacrer à la découverte du véritable auteur des poëmes sur la guerre de Troie.

« Je crois avoir découvert que cet auteur est Ulysse, roi d'Ithaque, ce héros fameux par sa prudence, qui, après avoir détruit les remparts sacrés de Troie, porta de climats en climats ses pas errans, parcourant les cités de peuples nombreux, et s'instruisant de leurs mœurs.

> . . . . Ος μαλα πολλα
> Πλαγχθη επει Τροιης ιερον πτολιεθρον επορσι
> Πολλων δ' ανθρωπων ιδεν ασʹεα και νοον εγνω, etc.

Et le fragment précieux que je viens de voir, n'est pas la preuve la moins convaincante de la vérité de mes conjectures.

« Vous savez, en effet, que ce prince, forcé de quitter ses États par la révolte et la vengeance de ses sujets, se réfugia en Italie. Vous savez que Polytes, un de ses compagnons, fut tué en trahison par les barbares habitans de Témèse.

« C'est donc très probablement dans cette contrée, la plus voisine, d'ailleurs, de l'île d'Ithaque, qu'il vint chercher un asile; qu'il composa ses poëmes pour charmer les malheurs de son exil, et qu'il laissa ces chants à la fois sublimes et imparfaits, qui, comme ceux trouvés par Lycurgue, n'attendent peut-être aussi que la main d'un rapsode habile pour être réunis aux poëmes sur la guerre de Troie, dont ils sont le complément nécessaire. »

Le vieillard fut frappé de mes dernières paroles comme d'un trait de lumière qui venait tout à coup lui dessiller les yeux : « *Per Dio*, s'écria-t-il, *se non è vero è bene trovato.* »

Enfin, après lui avoir, dans un second entretien, fait le récit de mes voyages, développé en détail les nombreux argumens dont j'appuyais mon système sur le véritable auteur de *l'Iliade* et de *l'Odyssée;* après lui avoir exprimé toute ma reconnaissance de son aimable accueil, je me disposais à lui faire mes adieux, lorsqu'il me pria d'accepter une copie parfaitement exacte de son précieux manuscrit, et, me serrant la main avec l'expression de la plus franche amitié, il m'adressa les adieux de Diomède à Glaucus :

« Je serai toute ma vie, dans la Calabre, votre hôte et votre ami; soyez le mien dans l'île d'Ithaque si jamais j'y porte mes pas. »

> Οτε κεν των Δημον ικωμαι.

En sortant du port d'Otrante je commençai à apercevoir les hautes montagnes d'Albanie, et un vent favorable me jeta en moins d'un jour dans le port de Corfou.

Lors de mon voyage d'Ithaque à Padoue, je n'avais jeté qu'un coup d'œil général sur la ville d'Alcinoüs; dans ce second voyage, il me fut aisé de me convaincre que l'auteur de *l'Odyssée* avait décrit l'île de Skérie avec autant d'exactitude et de vérité que tous les autres pays qu'il a chantés.

Je reconnus d'abord le fleuve où Nausicaa, accompagnée de ses femmes, allait laver ses vêtemens, et qui devait être éloigné de la ville, puisque cette princesse engage *Ulysse à suivre son char pendant qu'elle traverse les campagnes qui séparent le fleuve de la ville.*

La ville d'Alcinoüs était ceinte de hautes murailles, et située entre deux ports où les vaisseaux étaient à l'abri de tous les vents.

Cette ville et ses deux ports se voient encore au lieu où le poète les place; mais le plus ancien, qui doit avoir été autrefois très vaste et très sûr, est aujourd'hui tellement comblé que les plus petites embarcations ont peine à y entrer.

Le pays d'alentour est le plus délicieux qu'on puisse imaginer : de toutes parts on voit des collines couvertes d'oliviers, de figuiers et d'orangers qui portent leurs racines jusque sur les bords de la mer; c'est là, sans aucun doute, l'emplacement de ces jardins qui, à leur antique magnificence si vantée du temps d'Alcinoüs, réunissent aujourd'hui l'élégance et le goût, qu'ils doivent à leur possesseur actuel, le Lord haut-commissaire des îles Ioniennes.

Au milieu de ce riant paysage est situé le village de Chrisida, où se trouve la source abondante et limpide dont une des branches arrosait les jardins du roi de Skérie, et l'autre allait devant son palais former un bassin pour la commodité des citoyens.

A l'entrée du vieux port, et dans la direction de l'île d'Ithaque, on voit un rocher que les habitans actuels de Corfou appellent la *Barchetta d'Ulysse,* et qui semble en effet avoir la forme du vaisseau que Neptune poussait *de sa main puissante, et auquel il donnait des racines profondes, qui, l'arrêtant sur les flots, appuient ses fondemens sur l'abîme.*

C'est à Corfou que se trouve le chef-lieu de l'Université ionienne. Le temps n'est pas éloigné, peut-être, où les savans élèves de cette nouvelle Athènes commenceront à exploiter les richesses de leur antique patrie; car il semble qu'on peut désormais se livrer à la douce espérance de voir bientôt la Grèce plus paisible et plus heureuse qu'elle ne l'ait jamais été.

L'Université ionienne et l'expédition française de la Morée, promettent au monde savant une immense moisson de découvertes sur la géographie et les monumens anciens.

Après avoir admiré les embellissemens, le progrès de la législation, de l'esprit religieux, celui des sciences, en un mot les améliorations de tout genre que cette heureuse colonie doit au gouvernement doux et paternel de lord Frédéric Adam, je me préparais à m'embarquer pour Ithaque, lorsque j'appris la mort de mon illustre bienfaiteur, lord comte de Guilford. Il m'avait écrit des eaux de Spa, quelques jours après son arrivée dans cette ville « Que les fatigues du voyage et les mauvais chemins des Ardennes lui avaient fait un mal dont les eaux ne le guériraient pas. »

Ce triste pressentiment n'était que trop fondé; il est mort trois mois après son arrivée à Londres, chez sa sœur lady comtesse de Scheffield, au milieu des regrets de sa chère famille et de l'Europe entière.

Et comme un malheur arrive rarement sans l'autre, au moment même où je perdais mon bienfaiteur, j'apprenais d'Ithaque la mort de mon père, à laquelle je n'étais nullement préparé, malgré son grand âge, puisqu'à mon arrivée à Corfou il me donnait encore les nouvelles les plus satisfaisantes de sa santé, et qu'il m'exprimait toute la joie de me voir bientôt de retour dans ma patrie.

Ces deux hommes vertueux sont au sein de la Divinité, où, sans doute, ils intercèdent encore pour le bonheur de la Grèce et la paix du monde.

S'il était permis d'espérer que la résurrection de la Grèce et celle du prince des poètes pourront dater de la même époque; si les conjectures annoncées dans cet ouvrage peuvent trouver grâce auprès des hommes illustres qui répandent sur les îles Ioniennes les bienfaits d'un gouvernement paternel; si elles sont accueillies par les voyageurs célèbres qui ont découvert des médailles d'Ulysse dans les ruines de sa capitale et de son palais, il sera digne d'eux de consacrer leur importante découverte, en érigeant sur ces ruines de la plus vénérable antiquité le monument dont on offre ici le projet.

Au fond du principal port de l'île d'Ithaque, qui conserve encore de nos jours le nom de *Vathi,*

Bathos, profond, que lui donne l'auteur de *l'Odyssée*, on élèverait une large pierre cyclopéenne tirée des ruines mêmes du palais d'Ulysse au mont Aïto.

Au sommet de cette pierre, on placerait le buste d'Homère, entouré des médailles d'Ulysse trouvées dans les débris de son palais; et au-dessous du buste on lirait l'inscription suivante :

$$\text{ΟΔΥΣΣΕΥΣ ΟΜ-ΗΡΟΣ.}$$

La vue de ce monument serait une source perpétuelle et féconde de nobles inspirations pour la jeunesse ionienne; et la Grèce elle-même, encore une fois ressuscitée de ses cendres, sourirait tout entière à ses libérateurs, en voyant le berceau d'Homère irrévocablement fixé et rendu à sa véritable origine.

Les Fabius, les Scipion, tous les fameux personnages de Rome disaient souvent que rien ne les animait à la vertu comme les images de leurs ancêtres. Assurément ce n'étaient point quelques traits modelés en cire qui, par eux-mêmes, pouvaient produire un effet aussi admirable. Mais ces images faisaient comme l'histoire; elles retraçaient de belles actions, et voilà ce qui allumait dans le cœur de ces hommes incomparables cette flamme ardente qui, croissant incessamment, ne s'amortissait que lorsque, à force de vertus, ils avaient égalé la gloire et la renommée de leurs prédécesseurs.

> At simul heroum laudes, et facta parentis
> Jam legere, et quæ sit poteris cognoscere virtus.
>
> (Virg., églog. 4.)

FIN.

Vue du Port de Ithaque.

TABLE.

Dédicace grecque. Page i.

Traduction française de la Dédicace. iij.

Avertissement de l'Éditeur. v.

Préface de l'Auteur. vij.

VIE D'ULYSSE. Page 1.

Chapitre Ier. — Naissance d'Ulysse. *Ibid.*

Chap. II. — Enfance d'Ulysse. 2.

Chap. III. — Adolescence d'Ulysse. *Ibid.*

Chap. IV. — Expéditions guerrières. — Ambassades d'Ulysse avant la guerre de Troie. 3.

Chap. V. — Mariage d'Ulysse et de Pénélope. 4.

Chap. VI. — Les Atrides vont à Ithaque pour solliciter l'alliance d'Ulysse. 6.

Chap. VII. — Ulysse est envoyé avec Ménélas à Troie pour redemander Hélène. 7.

Chap. VIII. — Ulysse et Nestor sont chargés du rassemblement de l'armée. 9.

Chap. IX. — De l'ordre et du plan qu'Ulysse et Nestor ont suivis dans l'expédition du recrutement de la Grèce. 10.

Chap. X. — Ulysse retourne à Ithaque pour y rassembler ses vaisseaux. 11.

Chap. XI. — La flotte des Grecs part d'Aulis pour la guerre de Troie. *Ibid.*

Chap. XII. — L'armée d'Agamemnon débarque au cap Sigée, et donne sa première bataille contre les Troyens. 12.

Chap. XIII. — Ulysse est chargé de conduire Chriséis à son père. 13.

Chap. XIV. — Ulysse châtie Thersite. 14.

Chap. XV. — Dispute entre Ulysse et Agamemnon. 15.

Chap. XVI. — Ulysse cherche à rallier l'armée, qui s'enfuit et court aux vaisseaux. 16.

Chap. XVII. — Ulysse, accompagné d'Ajax et de Phénix, se rend à la tente d'Achille. 17.

Chap. XVIII. — Expédition nocturne d'Ulysse et de Diomède au camp des Troyens. 18.

Chap. XIX. — Ulysse combat seul contre toute l'armée des Troyens. 20.

Chap. XX. — Ulysse combat l'avis d'Agamemnon, qui propose d'embarquer l'armée et de prendre la fuite. 21.

Chap. XXI. — Ulysse, sans attendre le consentement d'Achille, ordonne aux Grecs d'aller prendre de la nourriture, et, avec sept autres généraux, porte les présens d'Agamemnon au milieu de l'assemblée. 22.

Chap. XXII. — Funérailles de Patrocle. — Ulysse combat Ajax à la lutte et à la course. 24.

Chap. XXIII. — Après la mort et les funérailles d'Achille, Ulysse dispute ses armes avec Ajax. 25.

Chap. XXIV. — Ulysse se charge, avec Diomède, d'aller chercher le fils d'Achille à Scyros. 34.

Chap. XXV. — Ulysse et Diomède sont envoyés par les Atrides à Lemnos pour y chercher Philoctète. 37.

Chap. XXVI. — Les Grecs, dirigés par les conseils et les stratagèmes d'Ulysse, finissent par s'emparer de la ville de Troie. 40.

Chap. XXVII. — Après l'incendie de Troie, une partie de la flotte d'Agamemnon fait naufrage sur les rochers de l'Eubée; celle d'Ulysse est poussée par les flots sur les rivages des Ciconiens. 41.

Chap. XXVIII. — Aventures d'Ulysse depuis le pillage d'Ismare, la capitale des Ciconiens, jusqu'à son retour à Ithaque. 43.

Chap. XXIX. — Aventures d'Ulysse depuis son arrivée à Ithaque jusqu'à son dernier combat avec les usurpateurs de son trône, et son exil en Italie. 44.

Chap. XXX. — Ulysse est forcé de quitter Ithaque; il continue ses voyages et ses expéditions. 55.

COMMENTAIRE SUR LA VIE D'ULYSSE, ou Journal des Voyages consacrés à la recherche du véritable auteur de l'*Iliade* et de l'*Odyssée*. 57.

FIN DE LA TABLE.

TABLE

DES CARTES ET GRAVURES.

Portrait de l'Auteur, en face du frontispice.

Carte de la confédération des Grecs. Page 10.

Carte de la confédération des Troyens. *Ibid.*

Philoctète dans l'île de Lemnos. — Philoctète au camp des Grecs. 38.

Jardins de Laërte. 50.

Carte des voyages d'Ulysse. 55.

Carte de l'île d'Ithaque. 57.

Fontaine Aréthuse. 58.

Plan du palais d'Ulysse à Ithaque. 59.

Médailles d'Ulysse trouvées à Aito, dans les ruines du palais d'Ulysse. 62.

L'École d'Homère, à Ithaque. 66.

Embouchure de l'Hellespont. 70.

Carte de la plaine de Troie. 72.

Source chaude. 78.

Sources froides du Scamandre. 79.

Temple de Minerve à Sunium. 82.

Ruines de Trézène. — Temple de Jupiter à Égine. — Vallée de Tempé. — Ruines d'Orchomène. 83.

Fontaine Hypérie. — Lac Stymphale. — Galère cyclopéenne de Tyrius. — Porte des Lions à Mycènes. 85.

Passage de l'Alphée. 86.

Vue du port d'Ithaque. 100.

ERRATA.

Page 14, à la note, au lieu de : il s'attaqua, *lisez :* il s'attaquait.

Page 36, à la note, au lieu de : les îles Kulidnee, *lisez :* les îles Calydnées.

Page 52, au lieu de : le héros Halithesse, *lisez :* le héros Halitherse.

Page 60, au lieu de : pour le bien peindre, *lisez :* pour bien peindre les batailles d'Ilion.

Page 71, à la note, au lieu de : *Journal des Savans*, mai 1829, *lisez :* avril 1829.